子育ての村「むぎのこ」のお母さんと子どもたち

支え合って暮らす　むぎのこ式子育て支援・社会的養育の実践

北川聡子・古家好恵・小野善郎＋むぎのこ
［編著］

福村出版

はじめに

むぎのこの朝は、とても活気がある。

運転手さんと添乗をする卒園児のお母さんたちが、安全運転の「ルール」の読み合わせのために輪になっています。今日の子どもたちの送迎の確認をして車に乗り込み、「オーライ、オーライ」の元気な声に送り出されて出発です。

この送迎は実は非常に重要な役割を果たしています。今のような送迎制度のない措置時代、担当医から精神疾患のあるお母さんが、もしかしたら心中する可能性があると聞かされました。「子どもとお母さんの命を守らないと」と思い、そのために毎日自宅にお迎えに行くことにしました。

親子の安否確認と子どもが日中たくさん遊んで栄養バランスがとれた給食も食べ、子どもらしい生活ができるようにドアツードアの送迎がはじまったのです。

そのことをきっかけに他の親子からも、「うちも大変だから来てほしい」「いつもはいいけど、

私が病気のときはお願いしたい」などの声が出てきたのです。そして今では、ほとんどの親子がドアツードアの送迎になりました。

今思えば、当時は障害がある子どもの乳幼児期の子育ての一番大変な中、地下鉄やバスで登園することで、パニックや人の目を気にしてくたくたになって園にたどり着く親子であっても、親だから苦労をして当たり前という時代だったと思います。

この困り感の高い親子が、親だから苦労して当たり前と思われていることに気づかせてくれたのです。

あれから二十年近く経った今、家から出てこられない子どもや不登校の子どもが増えてきている中、また、家族の困り感が高くなっている中、なかなかお母さんが外に子どもを連れてこられない家庭のための家までのお迎えは役割機能として広がっていて、子どもや家庭のためのセーフティネットと言っても過言ではありません。

むぎのこのミッションは「共に生きる」です。むぎのこは、「困り感のある方々と共に生きる」ということを大切にします。弱き者、小さき者の尊厳が守られ、希望につながる支援をおこないます。そして、一人ひとりが生まれてきてよかったと思える日々、この世は生きるのに値すると思える社会をつくります。その具現化のためにいろいろな国に行って勉強してきました。

むぎのこでは、家族支援をこれまで大切にしてきましたが、フィンランドに行ったとき、「子どもを救うためには、家族を救わなければならない」と、ネウボラの保健師さんがはっきりと言っていました。

そうなんです。やっぱり、これは世界のスタンダードなんです。子どもの幸せのためには、子どもを育てる家族支援が必要だということです。

そして、お母さんたちがまわりの方々と信頼関係をつくっていく中で、さまざまなサポートを受けみんなで子育てをおこなっていくためには、お母さんやお父さんたちへの心理支援が大切になってきます。子育ての大変さを語り理解し合う中で、お母さんたちが少しずつ人を信頼し、社会を信頼できるようになることがスタートです。

お母さんたちも、理解し合える人に出会えて、少しずつ安心できるようになり、笑い、怒り、時には涙を流し、自分らしい人生を歩み、元気になることが、子どもの育ちに大きく影響するからです。

「できる、できないではない。あなたらしくていい」。

「あなたは、すてきな子どもだよ」。

これはむぎのこの原点です。私たちは障害のある子どもや困り感のある子どもの支援をスタートとしておこなってきました。

でも、「あなたらしくていい」「あなたは、すてきな子どもだよ」ということは、実は特別な子育てではなく、障害のある子どもだからではなく、どの子にも共通して大切なことなのです。ですから障害のある子どもも、ない子どもも、共通性があってつながっているのです。

支援する側から見ると、何か問題があったり、リスクの高い子どもや親を取り出して支援するというのではなく、すべての子どもと親を分け隔てすることなく、必要に応じた支援を受けられるようにすることが大切だと思っています。

残念ながら、現在の母子保健や児童福祉の制度は、必ずしもすべての親子に手を差し伸べるものではなく、支援が分断されやすいところがあります。子育て支援は特別な親子だけのものではなく、支援ニーズは連続線上にあるものなのです。「すべての子どもと家族があたたかい支援に包まれていい」と、淑徳大学短期大学部の佐藤まゆみ先生がおっしゃっていました。これからは、このような視点が必要なのではないかと思うのです。

必要な子どもと家族に必要な支援が自然におこなわれるためには、支援する側も、子ども一般施策、障害児支援、社会的養護とばらばらではなく、地域の中で、せっかくあるリソースが子どものために自然なかたちでつながり合っていくのが理想形だと思います。

このことは、今日大きな社会問題になっている児童虐待防止にもつながっています。痛ましい虐待死事件がセンセーショナルに報道され、児童相談所に寄せられる児童虐待相談の件数が急増して、大きな社会問題になっています。

むぎのこでは障害のある子どもの子育て支援のために、職員が里親になったり、ファミリーホームを開設してきましたが、いつの間にか児童相談所から一時保護を委託されたり、里親やファミリーホームに措置される子どもたちが増えてきて、児童虐待にも深くかかわるようになっています。

子どもを虐待することはあってはならないことですが、その背景には養育する親の困り感や孤立など、たくさんの支援ニーズがあります。ここでもむぎのこが培ってきた障害のある子どもと親への支援と同じように、必要な支援を自然におこなうことで、虐待防止と家族支援を進めています。

子育てといっても人生そのものです。そんなに簡単にはいきません。

苦労を引き受けて、共に生きる――この本には、そんな人生の苦労がたくさん詰まっています。むぎのこは、すべての子どもの幸せを願い、そのための苦労をみんなで引き受けて、お父さんやお母さん、子どもたちと共に成長してきた歴史ともいえるでしょう。そんな子どもと家族、そしてむぎのこの職員たちの苦労から、これからの子ども・子育て支援への希望を見つけ出すことができればと思います。

苦労に感謝して！
すべての子どもの幸せを願って！

社会福祉法人麦の子会　理事長　北川聡子

◉もくじ

【編集部より】

本文中に出てくる事例は、プライバシーの保護のため加工・修正してあります。

人名については、本人の了解を得ているもの以外はすべて仮名となっています。

むぎのこの表記について、法人を示すときは「麦の子」、それ以外は「むぎのこ」で統一してあります。

序章●むぎのこ村の日常

回復の共同体

むぎのこの周辺には、グループホームやファミリーホーム、里親家庭、卒園児の家族や職員が住んでいる家やアパートが点在しています。そこの一角にはガーデンがあり春夏秋と季節を通して、四季折々にいつもきれいな花が咲いています。バラの季節に近くを通るといい香りがして癒されます。

お花が咲いていると、通園する子どもやお母さんたちだけではなく、地域の方々も足を止めてお花を見てくれています。ガーデンに咲くお花は、むぎのこと地域の人をつなぐ役割もしてくれているようです。

このお花やガーデンは、生活介護事業所の障害のある方々が手入れをしてくれています。

そして、ガーデナー（庭師）はむぎのこの三人のお母さんたちです。お花が好きでイギリスにガーデニングの勉強に行ってたくさんのガーデンを見てきました。

おかげで、今ではイングリッシュガーデン風のすてきなガーデンに、ガウラ、アスター、ダリア、フロックスそして北海道らしいラベンダー、ヒソップなどのハーブもあり、たくさんの人が癒される場になっています。

蒔いた種から芽が出たり、日々変化している草花の成長を見ると元気が出ます。花の色や香りで心が癒されリラックスでき、こころも元気になるようです。

今回のむぎのこ村のお話は、これまで重荷を背負い、心に傷を受けた女性と子どもたちが、自分の人生に向き合い、どんなふうに生きてきたかという物語でもあります。

むぎのこ村は、人がそれぞれに生きていくときに、地域全体がガーデンの草花に元気をもらうように、癒しの場であるセラピューティックコミュニティのようなあり方になってきています。それこそが、カリフォルニア臨床心理大学院の先生に教えてもらったコミュニティのあり方のことで、心に傷を受けたり、生きにくさを抱えた方が肯定される場です。

それは当事者の声を聴いて、また当事者も自ら参画しながら、サポートの仕組みをつくってきた物語です。

むぎのこでは、トラウマの発達への影響については、職員も基本的なことは勉強しています。

これらのことは、最近必要とされてきていますが、むぎのこには二十年前よりトラウマケアの第一人者であった西尾和美先生が、カリフォルニアから毎年いらして、御指導をしていただいてきました。

ですから二十年前から組織のベースとして子どもや養育者、職員など、かかわっている方々の心的外傷の影響を視野に入れて、安全面と回復の調整を自然におこなっていた経緯があったともいえます。

ただ、二十年前の当時はトラウマのことがまだ一般化していない時代だったので、トラウマの癒しという言葉だけで誤解されたこともありましたが、今の日本の子どもや若者の状況を考えると、続けてきてよかったと思っています。

むぎのこでは、幼児期からお母さんの育ちや大変さ、そしてそのことが子どもにどう影響しているのかの関係性などを把握して、これまでの苦労に寄り添い、お母さんも子どもも、自分の気持ちを大切にすること、大切にされていると実感できるようなかかわりをチームで考えていきます。

アセスメントは、「ジャッジではなく、回復のための理解です」。

お母さんや子どもの目に見えない苦労や強みも理解して、実際の発達支援や家族支援がはじまります。日常的にグループカウンセリングや、個別カウンセリング、ピアカウンセリングを大切にして、必要な子どもやお母さんにはトラウマケアもおこないます。

支援する側の職員に対しても、日常的にグループスーパービジョンや個別スーパービジョンをおこなっています。

支えてくれる職員

体と心の安全のために、深呼吸・感情のコントロールのトレーニング、そして必要な職員には、外部のセラピストからのメンタルヘルスケア、職員同士のピアサポートグループをおこなっています。そして何よりも支援はチームで対応しています。

スーパービジョンシステムや、子どもや利用者さんとかかわる職員のエビデンスベースの安全なかかわりなどについては、アメリカのネブラスカ州のボーイズタウンから学んできました。ボーイズタウンの日本の窓口は日本ボーイズタウンプログラム振興機構理事をされているロサンゼルス在住の牧師久山康彦リチャード先生が、そして実際のトレーニングを代表理事の堀健一先生がむぎのこのプログラム管理者に続けてくれています。

愛着障害については和歌山大学の米澤好史先生に、強度行動障害については片倉厚子先生に、それぞれビデオなどを用いて定期的にケース検討やコンサルテーションをオンラインなどでしていただいています。その他たくさんの先生をズームでお招きして職員のための研修をおこなっています。

去年と今年（二〇二〇、二〇二一年）はコロナ禍の影響で、直接現地見学などには行けません。そのため、麦の子会の経営のほうでお世話になっているコンサルタントの方から、世界の自閉症や社会的養護の子どもに関するトピックやニュースを職員に毎週送っていただいたり、外部の助けをお借りし、外からの風をむぎのこの中に入れることで、安心安全なより良い支援につなげています。

また客観的な記録だけではなく、エピソード記録も用いています。子どもを育てるのは目に見えない職員の心の動きです。現場の職員の子どもや利用者さんへの実際のかかわりや思いは、現場の力動をつくっています。職員の、伝えたい、このかかわりは見直したいなど、子どもや利用者さんへの思いが生き生きとエピソード記録から伝わってくるのです。私も読んでいて、子どもの心の動きや、職員の葛藤、迷い、思いに触れ、その場面が映画を見るようにワクワクします。現場でがんばっている職員の思いに触れることができると、本当にがんばってくれているんだなと実感する機会になっています。

職員同士がひとりの職員のエピソード記録を共有し、みんなで検討し、それぞれの職員の思いを知り、職員同士も理解し合って心でつながるから子どもに向かうことができるのです。

この目に見えない支援の見える化は、子どもや利用者さんの権利保障の大きな取り組みだと考えています。

行き先を知らないで

むぎのこは、理想や理念が先にあったわけではなく、出会った先生たちに教えてもらいながら、ふつうに安心できる人としての暮らしのあり方を求めてきました。

その根底には、人がどんな状況にあっても、差別を受けたり、レッテルを貼られたり、排除されたり、スティグマをもたなくてもいい状況をつくっていきたいという思いがありました。それは、きっと、ふつうの暮らし、日常生活を大事にすることなのだと思います。

聖書に、次のような〈一節〉があります。

・私は飢えていました。するとあなた方は食べさせてくれました。
・私は喉が渇いていました。するとあなた方は私に飲ませてくれました。
・私はよそ者でした。するとあなた方は私を温かく、迎え入れてくれました。
・私は裸でした。するとあなた方は私に着せてくれました。

・私は病気でした。するとあなた方は私を見舞ってくれました。
・私は牢に入れられていました。するとあなたがたは私を訪ねてくれました。
・これらの最も小さい者の一人にしたのは、私にしたのです。

（「新約聖書」マタイによる福音書二十五章より）


そしてこれは、むぎのこのビジョンになっています。

こんな当たり前のことが、毎日営まれることが理想ですが、実は簡単ではありません。日常のむぎのこのエピソードをお伝えしましょう。

アヤちゃんの思い

アヤちゃんのお母さんは、記憶力のいい方ですが、小さいころから落ち着かず、怒られることが多かったそうです。子育てもなかなかうまくいかず、イライラしたときに物を投げたり、感情的になってしまうことがあります。

お母さんは、むぎのこで送迎添乗のサポートなどで働いていて、アヤちゃんは保育園とむぎのこの両方に通っています。このころお母さんは、心身の健康のすぐれない日々が続いて心配していました。クラス担任の職員がよくお母さんの話を聞いてくれています。

○月○日　むぎのこで（伊藤保育士の記録）

アヤちゃんは、職員の気を引きたいため朝の会の最中、保育室の隅っこに走って行き、迎えに来るのを待っていたり、お母さんと来ている他の子どもにやきもちを焼いて、突然大きな声で威嚇したり、むぎのこで友だちともなかなか遊ぶことができず、職員がかかわることが多いお子さんです。


アヤちゃんのために、朝の会で座っているときに、特別にほとんど毎日髪を結んであげています。でも昨日は私が他のお母さんとの面談で遅くなったため、朝の会には間に合わず、リズムのときに髪を結ぶことになりました。

「今日遅くなってごめんね」と言うと、

「ううん、伊藤先生、間に合ってたよ！」と笑顔でした。

その後、「伊藤先生、アヤちゃんのことアイ・ラブ・ユーじゃないときあるでしょ」「かわいくないと思ってる？」と聞いてきました。

お母さんが疲れたときに、「かわいいと思えないことがある」と言っていたので、アヤちゃんは、私にもこのように聞いてくるのではないかと思いました。

「伊藤先生がアヤちゃんのこと愛してないときあった？」

「アヤちゃん毎日かわいいよ」と返すと、にやっと笑って抱きついてきました。

時々アヤちゃんは、不安になって、感情のコントロールが難しくなることがあるので、「かわいいよ、大好きだよ」とたくさん伝えていこうと思います。


育てる側のお母さんも、いつもいつも完璧ではないので受け止められないこともありますが、アヤちゃんのこの思いは、子どもの求める本質的な願いだと思います。大人にとっても「私がこのままで生きていていいの」という思いにつながることではないでしょうか。

このアヤちゃんのもつ願い、「どんな私でも私のこと愛してほしい」は、多くの子どもの思いを代弁している言葉ともいえます。この思いに応えていくために多くの人に、どんな子どもも、すてきな存在であるということを知ってほしいと思うのです。

今、大人も子どもも生きるのが難しくなった時代です。問題は簡単に解決しないかもしれません。でも、どんなことがあれば、何とか生きていけるのか。むぎのこは、子どもと育てるお母さんの当事者としての思いと、みんなで育てる支援のあり方を求め続けています。そして、当事者としての苦悩を受け入れ合い、子どもが助けられ、育てる側の大人も助けられる実践が広がっていくことを願っています。

第一部

困り感に寄り添い支える

――困難を乗り越えて成長する親の姿

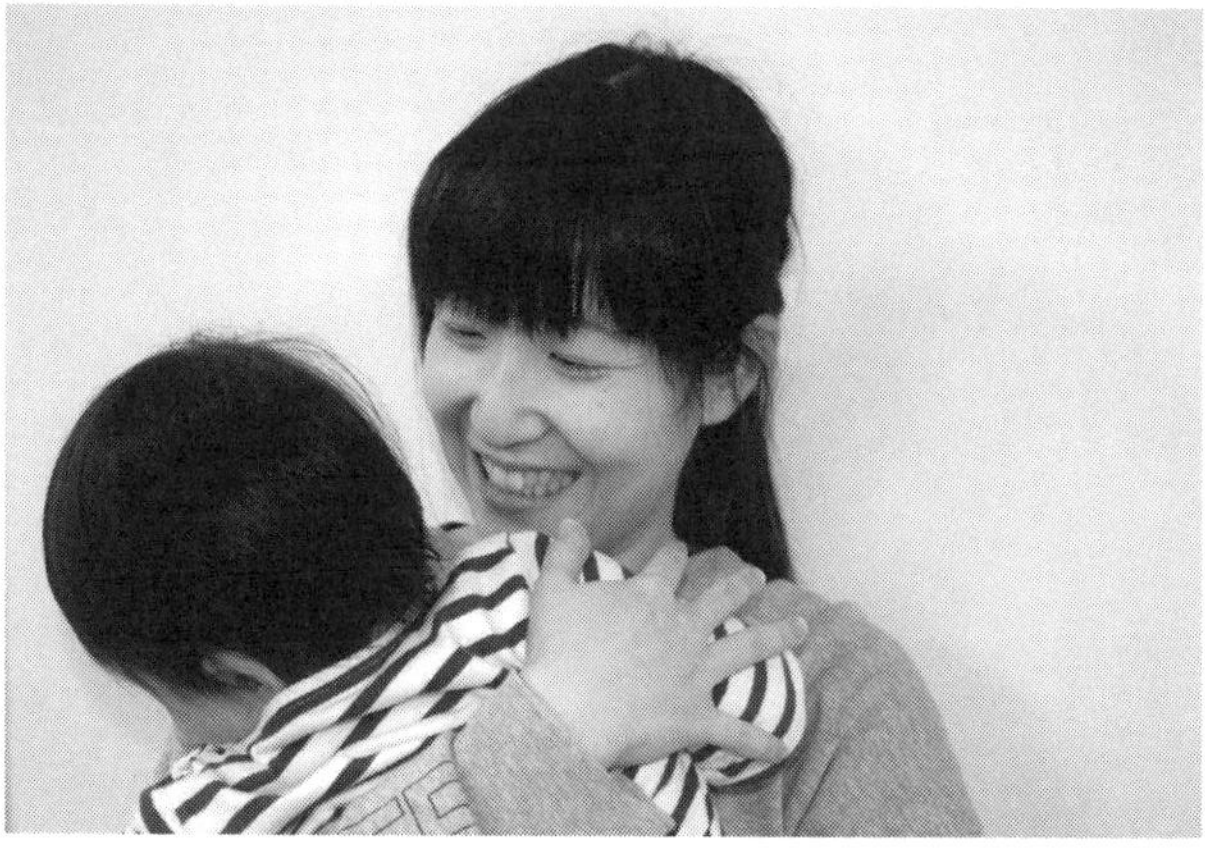

第一章　むぎのこの親・子育て支援

一　むぎのこの概要

むぎのこは、一九八三年に札幌市東区の小さな教会を間借りして、発達に心配のある就学前の子どもたちの発達を支援する認可外保育施設（無認可）「麦の子学園」としてスタートしました。そして、保護者のお母さんたちや地域の人たちと共に成長・発展し、一九九六年に社会福祉法人麦の子会として認可を受け、児童福祉法、障害者総合支援法、子ども・子育て支援法などの制度に基づいた、幼児期から成人期までの幅広い支援サービスを提供しています。

その最大の特徴は、札幌市東区のおよそ一キロメートル四方の地域にほとんどの事業所が集まっていて、特定のキャンパスをもたず、まさに地域に溶け込むようなかたちで事業が展開され、さらにこのエリア内に多くの職員や利用者が居住しており、個々の子どもと家族のニーズ

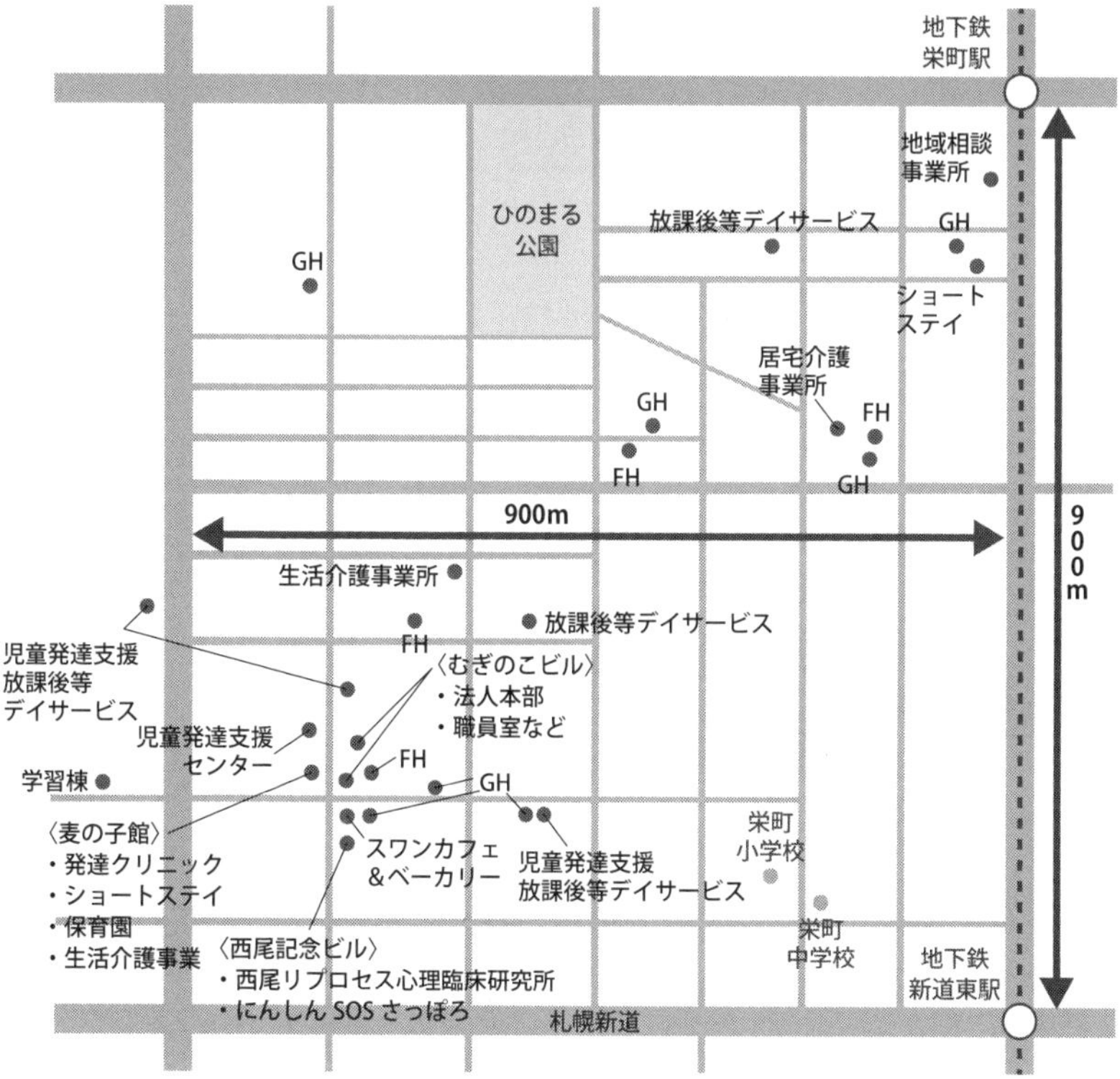

図1　麦の子会の事業所の分布

に応じた支援を受けながら生活をしているということです（図1）。「共に生きる」という法人のミッション（理念）の下、「子どもを育てるには、村中の大人の知恵と力と愛と笑顔が必要」という思いを共有し、文字どおり「子育ての村」が姿をあらわしてきました。

むぎのこの主な利用者は、発達に心配のある幼児期の子どもたちですが、無認可でスタートした当初から、お母さんたちの苦労や困り感にも手を差し伸べて、子どもの成長・発達だけでなく、親子が安心して生きていけるようにしていくことを大切にしてきました。スタート間もないころのむぎのこは、経験や実績がなく、まだ頼りないところもあったので、お母さんたちと一緒につくりあげていく中で、お母さんたちの苦労や心配、そして家庭の問題をとても身近な問題として受け止めて、そこから親への支援も広がり、親や家庭への支援はむぎのこのとても重要な支援のひとつになってきました。

無認可時代から、子どもと親のニーズに応える支援を目指して、国内だけでなく欧米の先進的な施設や取り組みを視察して学び、それらを積極的に取り入れてきましたが、そんな視察にも北川園長やスタッフだけでなく、多くのお母さんたちも参加して一緒に学びながら、むぎのこの支援の幅を広げてきたことがとてもユニークなところです。常に、子どもと親の視点から必要な支援を求めてきた結果が、今のむぎのこの親・子育て支援の土台であり、「フロンティア」と呼ばれている初期のお母さんたちが支援者として次の世代の子どもと家族を支え、さらにはむぎのこで育った子どもたちもむぎのこでスタッフとなり働き、そしてさらに利用者視点の支援が発展する基盤にもなっています。

子どもたちの成長とともに支援やサービスも拡大し、幼児期から児童期の発達支援だけにとどまらず、障害者生活介護事業やグループホームなどの成人期の支援も充実することで、切れ目のない支援ができるようになってきました。

現在のむぎのこの支援サービスを事業別に整理すると、子ども発達支援部門、成人部門、社会的養護部門、生活支援部門、地域支援部門の各部門で多くの支援がおこなわれています（表1）。子ども発達支援部門では幼児から高校生までの六〇八人が利用し、成人部門には一一七人の利用者がいます（二〇二一年四月一日現在）。これらの子どもたちを支援するむぎのこの職員は二六二人で、三三二人のパートを加えると、総勢約六〇〇人のスタッフになります（二〇二一年八月一日現在）。

このように事業規模はとても大きくなっていますが、職員のうち七十六人とパートの半数以上（一七九人）は卒園児の親や卒園児であり、職員同士のつながりが強く、アットホームな雰囲気で連携・協力して支援がおこなわれています。

表1　むぎのこの事業概要

子ども発達支援部門
［乳幼児支援］
むぎのこ児童発達支援センター（定員 47）
児童発達支援事業所（8 か所：定員 80）
居宅訪問型児童発達支援
みかほ整肢園（医療型児童発達支援）（定員 40）
［児童期支援］
放課後等デイサービス（17 か所：定員 170）
成人部門
［障害者生活介護事業］
ジャンプレッツ（多機能型生活介護事業＋就労移行支援事業）
スワンカフェ＆ベーカリー、ハーベストガーデン（生活介護事業）
トリニティ（生活介護事業）
［共同生活援助］
グループホーム（12 か所：定員 60）
社会的養護部門
ファミリーホーム（4 か所：定員 24）
生活支援部門
ショートステイホーム（3 か所：定員 21）
居宅介護事業所むぎのこ（ヘルパー事業所）
地域支援部門
相談室セーボネス支援事業所
むぎのこ子ども相談室（指定障害児相談支援）
保育所等訪問支援事業
障がい児地域支援マネジメント事業
むぎのこ発達クリニック
妊娠 SOS 相談事業

（2021 年 6 月 1 日現在）

二　親を知ることと支援すること

むぎのこでは、子どもの発達支援をベースに家族支援や地域支援が加わり、最近では社会的養護にも貢献していますが、それらの支援に共通するのがカウンセリングや相談などの心理支援です。子どもだけでなく親についても心理的にサポートすることで、個々の親子、家庭に応じた支援をしていきます。この心理支援こそがむぎのこの親・子育て支援でも、とても重要な要素になっています。

子どもの育ち・子育てを支援することは、親・家族を支えることに他なりません。そして、子どもの育ちを理解するためには、子どもの観察やアセスメントだけではなく、親や家庭の理解がとても重要になります。しかし、子どもの発達支援の場面では、あくまでも子どもが主役なので、親の心配や悩み、家庭の問題などを話したり、何か助けを求めたりするのは場違いな感じがするばかりか、むしろ親や家庭のことはできるだけまわりの人たちに見えないように振る舞って、「ふつうの親」あるいは「良い親」であろうとするほうが多いかもしれません。

そんな親としての思いから、発達支援を受ける子どもの保護者として、カウンセリングや相談などの心理支援を受けることには少し抵抗感があって、そういう機会を設けてもなかなか利用しにくいこともあります。むぎのこでは、さまざまな心理支援が通常の支援のルーティンの中に埋め込まれているので、すべての保護者は子育ての悩みや心配、さらには個人的な苦悩や家庭のトラブルまで、相談したり直接的な支援を求めたりしやすい仕組みになっています。

むぎのこの児童発達支援では、子どもと一緒に通園できるお母さんには母子通園を勧めています。もちろん、働いているお母さんもいるので、単独通園での療育でも大丈夫で、それぞれの家庭の事情に応じて選ぶことができます。幼児期の発達支援では、お母さんと一緒に遊びや活動をすることを通して、母子関係をしっかりとさせたり、愛着形成を促すなどの有用性がありますが、お母さん自身の「困り感」に気づくとても重要な機会にもなります。ちょっとしたことでも何か気になることがあれば、お母さんに声をかけて話を聞く時間をつくり、そこから心理支援につなぐきっかけになったりします。毎日の通所療育でも、子どもだけでなく親にも気配りをするのがむぎのこの伝統として根づいています。

むぎのこの心理支援には、グループカウンセリング、親子発達支援、個別カウンセリング、グループスタディ、自助グループ、トラウマケア、パパミーティングなどがあり、これらの支援を活用して、親の「困り感」を受け止めながら、支援がおこなわれています。それぞれの支援について簡単に説明しておきます。

①グループカウンセリング

児童発達支援のクラスごとに定期的に開催されて、同じ年齢の子どもをもつ親として、悩みや苦労を話し共感し合うことで、お母さんたちをエンパワーメントし、自己肯定感を高めていけるように支援する場にしています。幼児については週一回、学童については月一回、それぞれ一時間半程度おこなわれます。

スタッフは、セラピスト、コセラピスト、先輩お母さんの三人で構成しています。安全で、自分を護ってくれる人がいるという感覚の中で、「子どもをかわいいと思えない」「他児と比較して子どもに落胆してしまう」「子どものこだわりに付き合ったほうがいいのか」「夫が子育てに協力的でない」「自分自身もほめられたことがないから、子どもをほめられない」など、子育ての中で湧きあがった気持ち、自分のこと、何に傷ついてしまうのかなどを話せる場となっています。

②親子発達支援

北川園長と武田心理相談部長が幼児のクラスに入って、子どもたちの様子を観察し、今後のクラス運営や子どもの発達支援、親子関係のサポートに役立てています。この中でもグループカウンセリングがおこなわれ、当日の子どもの様子や親子関係の観察を踏まえて、それぞれのお母さんの子育ての課題や成長を共有したり、具体的な対応について助言したりしています。

③個別カウンセリング

人前で話すのが苦手な人や、個別の課題や悩みを抱えている人には、随時必要に応じて専門的な教育を受けた心理士による一対一の個別カウンセリングがおこなわれます。

④グループスタディ（母親学習会）

毎月一回、テーマを決めて、特別なニーズのある子育てや生活に役立つ情報を提供しています。先輩お母さんたちの体験談や発達や療育について専門家の話を聞くことで、自分自身の子育ての課題などに気づいたり、助けを求めるきっかけになることもあります。

療育や発達について理解を深めることが中心ですが、ＤＶやモラルハラスメント、親子関係など、親自身にかかわる問題も取りあげられ、気づきや支援のきっかけになることもあります。

⑤自助グループ

グループカウンセリングや個別カウンセリングなどを経て自己理解と他者理解が進んでくると、先輩お母さんがファシリテーターになり、同じ悩みをもつお母さんたちの自助グループに参加するようになります。たとえば、虐待を受けて育った、DVの経験がある、家族に自死をした人がいる、SA（性的な虐待）の経験がある、比較的障害が重い子どもをもつお母さんのグループなど、自分が集まりやすいグループに参加するかたちで、月一回から二回のミーティングをしています。自分の育ちの中での困り感、子どもが大きくなっても子育てのステージに合わせて、困り感を仲間と共に語り合っています。SAのグループは地域にあまりないので、地域の機関から紹介されて参加する方もいます。

虐待、DV、自死、宗教など、テーマごとのグループに加えて、たとえば岩倉自助のようにファシリテーターの名前を冠したグループもあります。現在十八の自助グループ（一部休止中）があり、それぞれ四〜十人くらいの参加者があります（表2）。

⑥トラウマケア

グループカウンセリングや個別カウンセリング、その他の職員とのかかわりや保護者同士の交流の中で、自分のつらい子ども時代が思い出され、子育てに影響していることに気づきはじめるお母さんもいます。子育てに悩んだり困り感をもつお母さんたちの中には、過去の傷つき体験をもっていることは少なくありません。そんなお母さんたちに、むぎのこでは西尾和美先生がつくりあげた「リプロセス・リトリート」というトラウマケアをおこない、セラピストの

表 2　自助グループの状況

自助グループ	開催日	参加者数	主な話題
里親自助	月 1 回	5 人	子どもの問題行動の受け入れ
母子家庭自助	休止中	-	
SA（性的虐待）自助	休止中	-	
岩倉自助	月 1 回	4 人	学校への不安、先生の対応、デイサービス
股関節自助	月 1 回	3 人	回復に向けて、術前術後の話
双子自助	月 1 回	4 人	子ども時代の双子の話、仕事、日常生活
DV 自助	月 1 回	7 人	母子家庭の話、夫からの連絡、トラウマ、フラッシュバック、寂しさ、情緒不安定
埴淵自助	月 1 回	5 人	DV の夫、家庭、子ども
宗教自助	月 1 回	6 人	不登校、体の悩み、子ども、実母からの勧誘
アルコール自助	月 1 回	7 ～ 8 人	自分の過去の振り返りから現状について。12 のステップ
アルコール依存症自助	月 1 回	4 人	オンライン飲み。現状
虐待自助	月 1 回	4 人	子育て（イライラ）
自死自助	月 1 ～ 2 回	4 ～ 7 人	自分の家族、振り返り、発見の体験、両親・きょうだい・子ども
こころの窓自助（重度の子どもの自助）	月 1 回	10 人	子どもの様子（器物破損）
リウマチ・難病自助	月 1 回	5 人	痛み、疲れやすさ、自分にしかわからないしんどさ。病状報告、治療
赤バラ自助	月 1 回	7 人	自分のことを正直に話す。近況
がん自助	月 1 回	4 ～ 6 人	自分の気づき、体にいいこと。情報共有
大塚自助（虐待）	週 1 回	6 人	子どもが 18 歳。近況報告（虐待はなくなったので、子どもの進路など）

（2021 年 4 月現在）

養成もしています。

リプロセス・リトリートのワークで、お母さんたちは自分の育ちを振り返り、育ちの過程で起きたつらいことを癒していきます。自分のライフヒストリーを知ることで、自分の存在に気づき、アイデンティティを知り、トラウマをみんなの中で癒すことで、自分を意識した健全な子育てにつながっていきます。

⑦パパミーティング

カウンセリングや自助グループはお母さんたちが主になっていますが、お父さんたちには月に二回、土曜日の夜に、同じように子どもを育てている男性職員が中心になってパパミーティングがおこなわれています。これはお父さんたちのグループカウンセリングで、「子育てに協力してくれないと妻に怒られる」「子どもがなついてくれない」「妻と子育て観が違う」「妻に気を遣ってしまう」などなど、男性職員が入ってお父さんと一緒に気持を分かち合います。父子家庭のお父さんも、子育ての悩みを話し合う場になっています。

⑧ペアレントトレーニング（CSP）

一回七クールでペアレントトレーニングを希望されたお母さん、お父さんに対しておこなっています。個別におこなう場合、グループでおこなう場合があります。必要に応じてパパミーティングの最初におこなっています。パパミーティングでは、アンガーマネージメントのスキルを学ぶこともあります。

三　子どもの育ちを支える家族支援

子どもの発達に心配があってむぎのこにつながるのが一般的なので、グループカウンセリングなどでも初めのころは発達の心配や障害、困った行動への対応などが中心になるのは自然なことですが、やがてお母さん自身の問題、夫婦関係や家庭のトラブルなども語られるようになり、むぎのこのグループカウンセリングはまさに「家庭トラブル持ち込み所」の様相を呈するようになってきます。

図2に示しているように、児童発達支援に通所しはじめたときと卒園時のグループカウンセリングでの主訴の分類を比べると、入園時は「発達の心配」がもっとも多く、母親や家庭の問題が話されることは少ないのですが、卒園時には「機能不全家族」や「母親の育ちの問題」がとても多くなっているのがわかります。ここで語られた問題は、すべて家族支援のニーズにつながるものなので、ただ聴くだけで終わるのではなく、さらに個別のニーズを明らかにして、

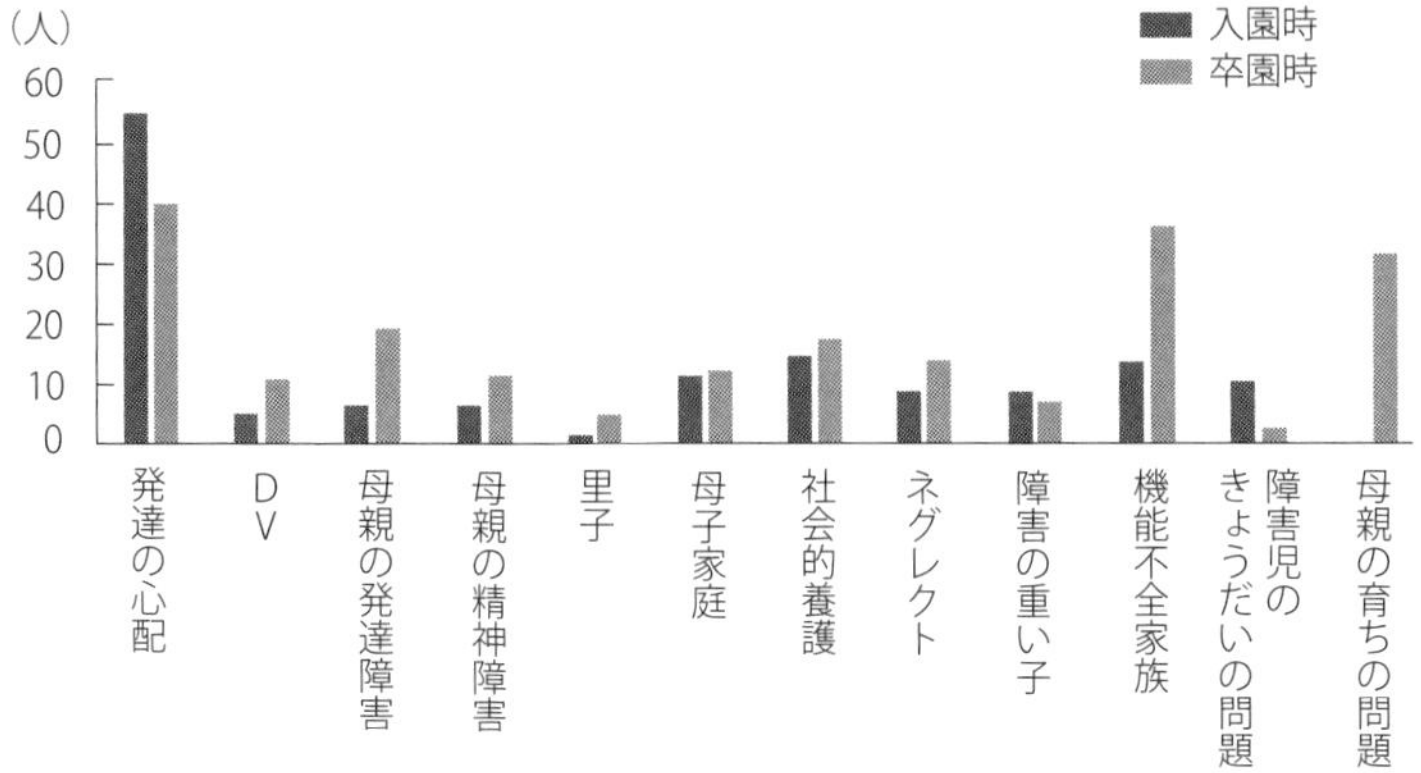

図２　入園時と卒園時の主訴の変化（2021年度）

しっかりと必要な支援につないでいきます。

グループカウンセリングの中で話された、お母さんや家族が困っていることはセラピストから担任職員に伝えられて、すぐに対応します。たとえば、夜寝るのが遅くて困っているという話があったときには、すぐに担任に伝え、ショートステイの申請やヘルパーの申請などにつなげていきます。グループの中で話をすることが苦手なお母さんや、お母さん自身の育ちの問題で必要であれば個別のカウンセリングを勧めることもあります。

また、きょうだいで通っている家族も多いので、お母さんの許可を得て各クラスの担任職員、ショートステイを利用している場合はショートステイやヘルパー職員、カウンセラー、ソーシャルワーカー、セラピスト、学校に通っている場合は学校支援をおこなっている職員も入って家族支援会議を開くこともあります。そこ

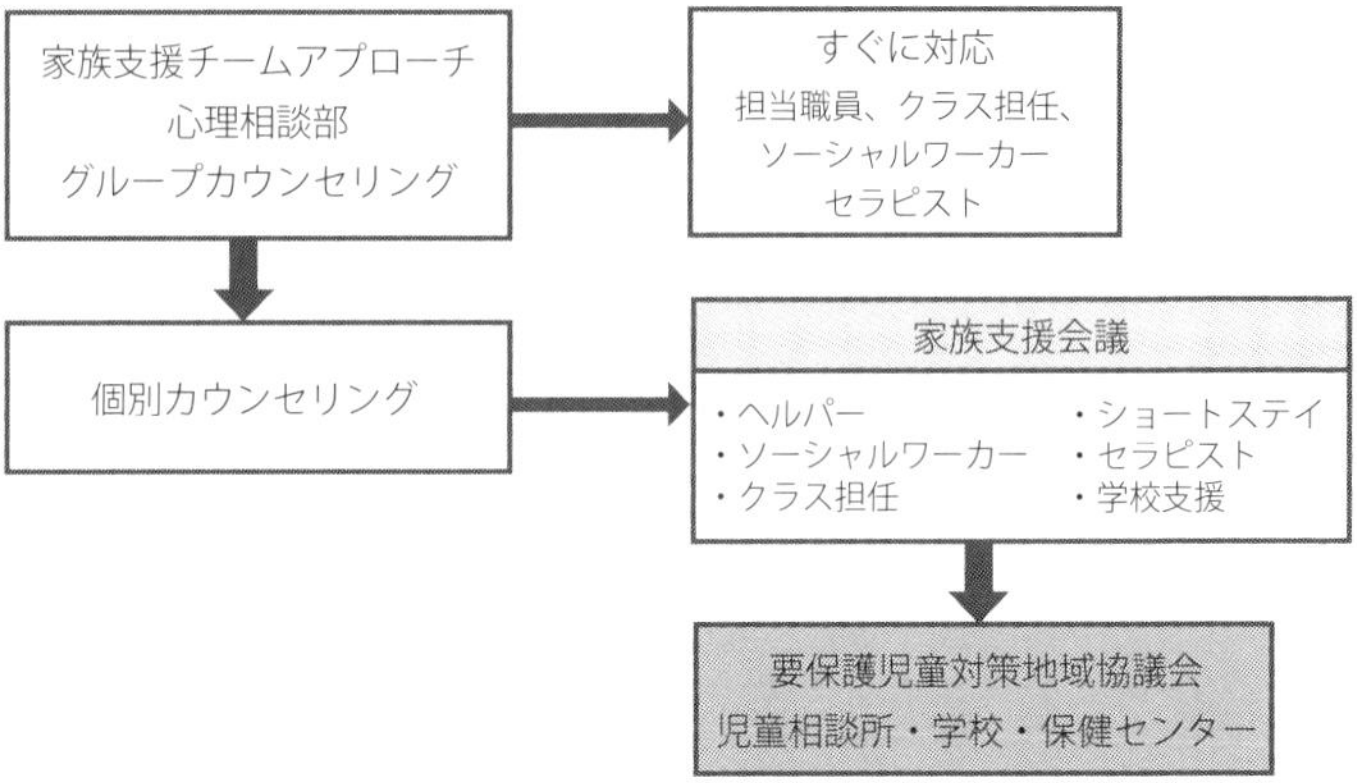

図３　家族支援チームアプローチ

では役割を分担して、チームでその家族を助ける仕組みをつくります（図３）。

実際の家族支援は、個々の家族のニーズに基づいて計画されて実施していきますが、具体的な生活支援としては次のようなものがあります。

①ヘルパー

生活介護事業であるヘルパーを利用して、ヘルパーが実際に家庭に入って子どもの入浴や食事介助、就眠介助の他、登校の援助や一緒に外出するような支援ができます。お母さんが病気、あるいは不安やうつのために子どもの世話や援助ができないときに、とても具体的な手助けになります。

②ショートステイ

子どもが寝ない、パニック、ひどい偏食、自傷行為など、片時も目を離せない子育てに、親は押し潰されそうになることがあります。そんな養育者の負担を軽減したり、一時的な休息（レスパイト）のために、ショートステイサービスがあります。むぎのこには三つのショートステイホームがあり、合わせて二十一人を受け入れることができます。

むぎのこのショートステイは、むぎのこの職員や卒園児の親が里親になって受け入れている里子たちが利用することもあります。さらには、児童相談所からの一時保護委託としても役立っていて、社会的養育の重要な資源にもなっています。

③緊急電話

実際の家族支援では、予期しない緊急的な問題や、家族だけでは対処できないトラブルが発生して混乱することもあります。むぎのこにはいつでも助けを求めることができる緊急電話があり、二十四時間体制で対応できるようにしています。保護者から助けを求める声をしっかりと聴いて受け止めるだけでなく、必要があれば職員が家庭に駆けつけて、直接支援することもできます。パニックになって自傷が止まらない、暴れて手に負えないようなときに、職員だけでなく近隣の保護者も協力して、介入することもあります。

緊急電話は、子どもとお母さんを孤立させない、地域に根ざした支援として、さらには児童虐待を未然に防ぐためにも、とても重要な支援に位置づけられます。

四　共に生きる

障害の有無にかかわらず、子育てには苦労や心配が絶えませんが、だからといって簡単に誰かに助けを求めることができるわけではありません。どの家庭にもある問題でも、どの親も経験しているような問題でも、他者にはけっして話さず、ひとりだけで抱え込んで（あるいは隠して）助けを求められない人は少なくありません。子育ての困り感を言葉に出すことは、親としての無能さを曝《さら》け出すような、何だかプライドが傷つくような気持ちもあって、自分の親にも相談できず、子育てのパートナーである夫（または妻）にさえ言えないことすらあります。

子どもの発達支援や家庭支援のための専門的支援機関で、「どうぞ困っていることを相談してください」と言われても、すぐに何もかも包み隠さずに話せるわけではありませんし、親自身の過去の被虐待体験のような傷つき体験などは、意図的に隠しているわけではなく、本人さえ気づかないこともあります。

むぎのこでは、日常の支援活動の中に心理支援が組み込まれていて、特別なものではなく、みんなと一緒にサービスを利用しているうちに、安心感や信頼感に守られた環境で自然に困り感を話すことができたり、他のお母さんたちの話にエンパワーされて、自分のトラウマに気づいて助けを求めることになったりするなど、親の抵抗感やスティグマを最小限にして、助けを求めてもいい、助けを求めれば何とかしてもらえるという支援環境ができてきました。

それは一朝一夕にできることではありませんが、無認可時代から一緒にむぎのこをつくりあげてきたお母さんたちが、支援者からの支援だけに頼るのではなく、お母さんたちも一緒に行動して助け合うことで、特別な専門的な支援だけでなく、地域の中でのごくふつうの自然な支援が繰り広げられてきました。たとえば、片付けられなくてゴミだらけになった家の掃除をしたり、朝起きられない子どもを起こしに行ったりなど、親同士で助け合う文化があります。そして、かつて支援を受けたお母さんたちが、むぎのこの職員になって支援者になる（癒され人が癒し人になる）ことで、この自然な支援の文化がしっかりと受け継がれて定着したことで、助けを求めやすい「共に生きる」子育ての村になっています。

次章では、むぎのこにつながったことで、親として支援され、成長していった実例をお母さんたちの語りを通して見ていきます。

第二章　お母さんたちの語り――むぎのこ式親・家族支援の体験

むぎのこでは、発達に心配のある子どもたちの通園療育を軸に、親の困り感にもしっかりと寄り添って支援をしていくことで、お母さんたちが子どもと共に生きていく力を育んでいくことを目指しています。そのために、第一章で説明したような、さまざまな心理支援や生活支援を活用し、さらには仲間や先輩のお母さんたちの協力や手助けも借りながら、一人ひとりのニーズに沿った親・家族支援が展開しています。

とはいえ、子育てや家族の問題は一人ひとり違って多様なので、個々の支援サービスや制度を説明するだけではお伝えすることはなかなかできません。そこで、本章ではむぎのこ式親・家族支援をさらに具体的にイメージしていただけるように、むぎのこの支援を受けた六人のお母さんたちの語りを紹介します。支援を受けたお母さんたちの一人称の語りを通して、障害児の子育てにかぎらず、どんな支援がお母さんたちにとって支えになるのかを感じていただけるかと思います。

一　療育を基軸にした母親の生きづらさへの支援

自閉症の息子さんがいる田中さんは、無認可時代のむぎのこを知る「フロンティア」のひとりですが、自身がアルコール依存症の家庭で育ち、たくさんの隠しごとを抱えた生きづらさから逃避的な生活を続けていました。しかし、むぎのこのグループカウンセリングや個人カウンセリングで隠しごとを話すことで、助けを受け入れることができるようになり、その後は後輩ママの支援にも活躍するようになりました。

草創期のむぎのこ

息子が二十九歳なんですけれども、自閉症の子どもで、それでむぎのこに来ることになりました。昔むぎのこが北海道新聞に「むぎのこ日誌」というコラムを書いていて、それを見た主人の姉から、「ちょっとここ行ってみたらいいんじゃないか」って言われたのがきっかけでした。そのときは自分の子どもが障害という烙印を押され、まわりから決めつけられた感じがして、すごいいやで腹を立てたりしたんですけれども、やっぱり障害かもしれないっていう不安があって、すごい揺れながらむぎのこに来ました。当時のむぎのこは、まだ元町にあるプロテスタントの教会を借りてやっているときで、うちの息子が入るのに人が足りないからといって、古家先生を雇っていただいて、息子を見ていただいたっていうはじまりです。

むぎのこが認可されて、新しくなったむぎのこで年長時代を過ごして卒業するときに、北川園長や職員の先生たちと世界中の施設を見学して、日本国内も九州、大阪、東京とかいろんなところを見て歩いたんですけど、養護学校なんかもピンとこなくて。ちょうどうちの息子が一年生になるときに、同じ仲間の五人のお母さんたちと、むぎのこの園庭の向かいにあった古い建物をお借りしてフリースクールをはじめました。

地域の小学校が普通学級で受け入れてくれなかったので、初めはフリースクールで過ごして、三年生からは息子と一緒に学校にも通うようになりました。五年生のときの担任の先生がすごくいい先生で、単独で見てくれるようになって、修学旅行も単独で連れて行ってくれました。その間も学校が終わったらむぎのこのフリースクールに行っていて、むぎのこの先生にもいろいろ助けてもらって、中学校も息子が友だちと一緒に行きたいと言ったので普通学級に行きました。

高校に行くときに、さすがにもう養護学校とかそういうところじゃないと勉強が全然できないし、無理だろうなって思ってたんですけど、高等養護学校に実習というかたちで行ったときに、「うちの学校に来たい人」って言われて、うちの息子手を挙げなかったんですよね。行きたくないという意思表示をしたので、どうしようかなと思っていたら、園長が定時制とかもあるよって教えてくれて、幼なじみのむぎのこの友だちと一緒に定時制の高校を見学に行ったら、ふたりとも定時制に入りたいって言ったので定時制に入りました。定時制高校は、勉強も簡単なのかなと思ったら、ふつうの学校の勉強を四年間でやるという違いだけで、勉強は同じだったので、すごい大変で、昼間はジャンプレッツ（成人の生活介護事業所）に通所して先生たちに勉強を教えてもらったりしてお世話になって、追試も何回も受けて、やっとこ卒業したっていう感じです。

卒業してそのままジャンプレッツに入っていたんですけど、今はハーベストガーデンでパンをつくっています。

隠しごとばかりの生き方

子どもが生まれたのが三十四歳ですごい遅く、もう子どもはできないと思って、子どものいない人生を考えていたんです。そんなときに生まれて、それでその子が自閉症と言われたので、そのときはお先真っ暗だったですね。

むぎのこに来る前から息子はどこかへ預けて自分は楽しんだりしてて、むぎのこに来た最初のころも子どもを預けて自分はデパートにお買い物に行ってました。むぎのこの母子通園がすごいいやで、先生に言われたときは、「わかりました」って言ったんだけど、心の中では「ゲッ（いやだな）」と思ってたんです。母子通園がはじまってからも、先生たちの言うことを聞かず、「（子どもを）抱いて」とか言われても、「腰痛いから抱けないんですよね」と口答えしてました。

むぎのこではいいお母さんに見られるようにして、それでエネルギーを使い果たして疲れちゃうんです。だから早く家に帰りたい。帰るとそのままイスで寝てましたね。そうやって家ではいつも寝てて、ご飯も惣菜とか買ったやつとか適当な感じで、子どもにもかまわない。ネグレクトですよ。本当にそんな感じでした。

そういう中で、自分はいろんなことを隠していたんですよね。うちは父親がアル中で毎晩飲んで暴れて暴力を振るうような家で、私は母親と一緒に行く当てもなく夜の街をとぼとぼ歩き回ってたり、（父親が）国鉄の職員だったので官舎に入っていて、そこに共同で利用する石炭小屋みたいなところがあって、真冬に石炭小屋の筵《むしろ》にくるまって寝てたりとか、そういう生活をしてたんですけど、それを他の人には言ってはダメだと母親に言われてたんです。うちの母親は、はっきり私に「人は口で言っていることと腹の中は違うから、人は信用するな」って言って私を育てたんです。だから私はそれを守って、結婚して、子どもができて、むぎのこに来るまでずっと、仲のいい友だちにも、誰にも言ったことがなかったんです。とにかく自分のことは隠して、人にはばれないように生きてきました。

むぎのこに来て初めて「自分はそういう家だった」という話を古家先生と北川園長にしたんです。そのとき私は、そういう話をしたら、母親が言っていたように、口では「ああ、そうかい」って言っても、心の中では「やっぱり、この人はそんな家だったんだ。そういう育ちの人とは付き合わないほうがいい」、そんな流れになっていくんだろうなと思っていたんです。

ところが、ふたりから「よく頑張ってきたね。今までよくやってきたね。大変だったね」というようなことを言われてびっくりしたのと、「そういう人がいるんだ」とさらに驚いたんです。驚いたけどうれしくて、「自分そのものを受け入れてくれるところがあるんだ」って。今になって思えば、やっと自分の居場所というか、「偽らなくてもいられるところができたんだな」って感じたんだと思います。ただただ驚きとうれしさで涙が出ました。

ゴミ屋敷

自分の家は、片付けられないのと物を捨てられなくてゴミ屋敷みたいになってたんだけど、そのこともひた隠しに隠しとてて、嘘ばっかりついてたから、辻褄《つじつま》を合わせるのにすごい疲れちゃって、家に帰ったらいつも寝てばっかりでした。いつも背中に鉛が入っているみたいな感じで具合が悪かったんです。毎日二千円くらいのユンケルを飲まないと動けない感じで、そういう栄養ドリンクに頼ってました。

むぎのこに来て、隠さなくても、人に言っても大丈夫なのかなっていうのは、だんだんわかったんだけども、そんな急にはしゃべったりできず、家には絶対に他人を入れないように命がけでしていたのに、どういうわけかばれて。古家先生に「見に行ってきて」と言われたお母さんが来て、物があふれかえっている部屋を見て、これは大変だっていうことで仲間のお母さんが来て片付けることになったんですが、私は全然へっちゃらで、「そういうことしてもらわなくていいから。自分でできるから（できないのはわかっているんだけど）」って思ったんですけど、どんどん片付ける方向になってしまったんです。

本当に自分ではゴミ屋敷とは思ってないんですけど、みんなが見たらゴミ屋敷だって。そして、そんなゴミ屋敷にいたら、それだけで子ども虐待だからダメだっていって、片付けてくれる羽目になり、結局トラック二台分くらい物を捨てたんです。みんなが捨ててくれたわけだけど、そのときの私は「捨てやがって」くらいの気持ちだから、やってくれた人たちのことを恨んでましたね。「余計なことしやがって」と、二、三年思ってました。

今思えば感謝しかないし、人の家の掃除なんかしたくないのに、あんなにやってもらったのに、そのときは「こんなことしなくたって、自分でできたわ」とかいろいろ考えて、何かひん曲がった考えだったんですけど、とにかくみんなのおかげでゴミ屋敷を脱することができました。

今はみんなニュータウンって言ってるんですけど、むぎのこの人たちが二十戸くらい建ててるところに、自分も家を建てて住んでいます。その家を建てるときも、「お父さんが建てたくない」とか、そんなことを理由に「やりたくない」って言ってたんですけど、園長のおかげで建てることができて、今住んでいられるのも園長のおかげだと思っています。きっとそれがなかったら、今も汚いアパートに住んでいるんだろうなって思います。

まだある隠しごと

昔は古家先生に会うと、真実を暴《あば》かれちゃうのがいやで会いたくなくて、すごい避けてたんだけど、最後にばったり会っちゃう。そういうことばっかりでした。だからもう何回も「むぎのこなんか、もうやめてやる」なんて思ったけど、やっぱりやめたら、うちの息子どうなるかなって思って、やめたいけど「うーん」って感じで。園長たちと世界中の施設を見て歩いてきて、ダウン症の子とかはいろんなところで幸せそうに暮らしてたけど、自閉症の子に関しては、むぎのこの子が一番幸せに見えたんですね。だからここから息子を離したらダメだというのは、ずっと思ってました。

隠しごとが暴かれていくのはすごいいやだったし、もうむぎのこに来ないと思ったり、掃除してくれた人にも逆恨みしたりとかして、なんか自分は散々な奴でした。暴かれたらいやだったんだけれど、でも本当は暴かれたあとは楽になるんですよね、隠すことないから。

最近も、タバコを吸っていたのをずっと隠していて、タバコを吸っているということがばれたくなくて。それはなぜかというと、母親から「タバコを吸うような女はダメだ」みたいなことを小さいころから聞かされていて、それでばれたらダメだっていうのがすごい自分の中であったんです。むぎのこの先生はタバコがダメだとは言っていませんでしたが、なぜか隠さなければと陰で吸ってたんだけど、ばれてからも隠そう隠そうとしてました。それが病院の禁煙外来に行ってやめることになって、自分ではやめられないと思ったんですけど、いつも家に帰ったら換気扇の下でイスに座ってタバコを吸うっていう習慣があったのを、そのイスにも座らないようにして、禁煙外来で薬ももらって、何とかかんとかやめられました。今も急に吸いたくなったりすることがあって、三十秒くらい「吸いたい」と思うんだけれど、それを我慢したらその気持ちがなくなるので、毎日「やっとこさ」っていう感じですけど、今のところは吸わないでいられるんですよね。

そんなことがあって、アルコールも同じなので、アルコール自助に入って、自分の話とかをみんなそれぞれしたりして、他の人の話も聞いて自分と重なる部分があったり、励まし合ってやっている感じです。

助けてもらうことで生きられた

自分はむぎのこで人としての生き方を教えてもらって、変わってきたのかなって。今もまだ勉強中だけど、今までは人と一緒に生きたらダメだと思ってたんだけれど、人と一緒に生きるということが人として必要なんだと思うし、そういうふうに生きたほうが幸せになれるんだなっていうのは、だんだんわかってきたのかなって思います。

自分は考えてもいなかったんだけど、園長が一番最初に行ったアメリカの臨床心理の大学院CSPP（アライアント国際大学・カリフォルニア臨床心理大学院日本校）というところに入らないかって誘われて、自分のことを知りたくて、その臨床心理の大学院に入って勉強しました。でも、修士論文が全然書けなくて、本当は三年で卒業するのが七年かかって、それもみんなにすごい助けてもらって、園長にもいろいろ教えてもらったし、やっとのことで修士論文書いて卒業できました。自分ひとりだったら絶対卒業できなくて、途中でもういいや、やめようと思ったりしたけれど、最後にすごいお金もかかったから、ここでやめたら本物の馬鹿だなと思って、やっぱりやめたらダメだと思って、みんなに助けてもらってやっとのことで卒業しました。

今は麦の子会の札幌市から委託されている障害のある方たちの相談室セーボネスで相談員として働いています。

私みたいにゴミ屋敷になる人もいるんです。だから、そういう相談がきても、「ふつうだから、大丈夫、大丈夫。私もゴミ屋敷だったから」って。その他にも父親がアル中の家庭に育ったとかいう人もいるんですが、そういうときにも、自分の育ちとか、やってきたこと、自分が負の財産だと思っていたことが、結構人のために生かせるのがわかることがあります。だから、そういう人に対して「えーっ」とならず、「別に、いいよ、いいよ」って、「ふつうだよ」というか、自分もそうだったなと思えて、それを生かしていけばいいのかなっていう感じで今はやっています。

相談員になっているけれども、相談してくる人と自分も同じなんですよね。むぎのこの相談員ってみんな親ばかりだから、相談してくる人も私たちの話を聞いて、同じ立場の人だと思うからか、みんなホッとする感じで、最初から結構自分の困っている話をしてくれます。

二　先輩お母さんの助けでＤＶから逃れて自立（ＤＶ自助）

結婚した当初からＤＶに苦しんでいた松本さんは、むぎのこのグループカウンセリングで夫の息子への虐待とＤＶを開示したことで、先輩お母さんの援助で女性センターに避難し、離婚調停を経て離婚したものの、精神的に不安定で家から一歩も出られなくなりました。それでも近隣のお母さんたちに支援してもらいながら何とか生活し、やがてむぎのこで働くようになり、生活保護から自立することができました。

むぎのこを利用するために札幌へ

長男が重度の自閉症で二十歳、下の子が十六歳の娘で高校生になりました。

長男は生後間もなくから目が合わない、背中を反って抱っこがなかなかできない、寝つきが悪い、眠りが浅くてすぐ起きる、泣き止まないなどの心配があり、言葉は一歳半ごろに「ママ」「パパ」「アンパンマン」などを話しましたが、しばらくすると話さなくなりました。三歳児健診で相談して小児科医院を紹介されて自閉症と診断されました。

そのときは結婚して旦那の実家があるX町にいて、週一度の少人数制の療育グループに参加していたんですけど、療育っていうよりもちょっと遊んですぐ帰るようなところだったので、小児科の先生に、「毎日通えるところはないですか」と聞いたら、札幌だったら毎日通えるかもしれないということで、むぎのこを紹介してもらいました。

旦那の実家があるX町は札幌から車で飛ばして三、四時間くらいかかるんです。それだったらもうむぎのこに通うために引っ越そうということで、子どものために札幌に来ました。息子が三歳半のときにむぎのこを見学させてもらい、翌日から利用をはじめました。そのとき私はふたりめを妊娠中だったので、日中一時支援事業も利用させてもらうようにしました。

順番どおりの結婚

私の親は国家公務員で、恥ずかしいことはしたらダメだとか、私が変なことをしたら一家離散だとか言われて育って、私は三人姉妹の真ん中なんですけど、頭がいいことと健康であることが、お母さんが一番喜ぶことだったんです。そうやって過ごしてて、とにかく親には故意に好かれず、かつ嫌われもしないように、怒られないように、ただ健康なことと頭がいいことを守って、そこで満たされるように生きていました。

だから親がこうしてほしいなって言ったら、そうしていく感じで、結婚もきょうだいの順番でしなきゃいけないかなって。姉は結婚していたんですが、妹が結婚したいという話が出たときに、「あなたは結婚しないの」と親に言われ、どうしようかなと思い、たまたまそのとき付き合っていた彼氏に話したら、じゃあ結婚しようかということになって、妹より先に順番どおりに結婚したっていう感じでした。

旦那は結婚するまではいい人だったんです。私の話も聞いてくれて、やさしくて。だけど、結婚を機に旦那の実家のあるX町に戻ることになって、引っ越しまでのひと月くらい札幌とX町で別居することになりました。そして私が仕事を辞めて家を片付けてX町に引っ越したら、とんでもない暴力旦那になっていたんです。毎日地元の幼なじみを家に呼び放題、お酒のどんちゃん騒ぎで、私は女中さん扱いみたいな感じで、酔っぱらったらすごい方言の嵐。わからないでいたら、「なんでわかんねえんだ、バーン（暴力）」みたいな、そんな生活ですごいつになったんだけど、それも隠さなきゃいけない、健康で頭がいいことをプライドとして殻を被って生きてきたので、精神的に病んでることをすごい隠して、旦那にも隠して。

そしたら向こうは「俺のことを馬鹿にして」ってどんどんエスカレートしちゃって、お金も手取り十二万くらいだったんだけど、家賃払って、仕事の車に五万くらい、タバコとお酒に三万から四万になったら、食費もほとんどなくなっちゃって、私の貯金を切り崩して暮らしました。そのときちょうど息子を妊娠していたから、子どもが生まれたらましになるのかなと思ってたんですけど、もっとひどくなりました。

私が子どもにかけるエネルギーが気に入らなかったらしくて、「俺のことはどうでもいいのか」、焼きイカにバターが乗っていたら、「バターがいけない、バーン」、ちゃぶ台をひっくり返されて、「お前が悪いんだ。お前が俺の好みをちゃんと知ってないからだ」と。最後のほうは、掃除してないとか、玄関の靴の置く順番もなんか違っていたら、「お前、今日何してたんだ」と言われて、「ふつうに過ごしてたよ」と言うと、「靴の置く順番が違ってたから」とか。

何をやってたって、「お前は寝てたのか」「お前は見えるところしか掃除しない」、子どもがどれだけ大変なんだということは何も気にせず、「俺が一番だろ。当たり前だろう」「俺が稼いできた金なんだから、俺が全部好きなものに使って、残りで生活しろ」「足りないのはお前が悪い」。だけどそれをすべて隠して札幌に来たわけですよ。

むぎのこの見学に来る前に、電話で見学の申し込みをするんですよね。そのときにたぶん電話がつながる前に二、三回は切ってたんです、すごい怖くて。私の中ではむぎのこは施設みたいな感じ、言葉は悪いけど収容所みたいな、すごい暗いイメージで、毎日毎日勉強させられ、怒られるみたいな。怒られて育ったから、そういうのすごいいやだなと思ってたんだけど、一番初めに来たときに、「何だここ?」ってびっくりしました。子どもが「ギャハハ」って笑ってて、イメージと全然違っていて、それで「ここなら大丈夫だ」と安心して次の日から通いはじめたんですね。

絶望と恐怖の日々

ＤＶも「私が悪いんだからしょうがない」とずっと思ってたんですよ、「私が片付けないから」「私がちゃんとしないから」。私にしか暴力は向かないから我慢してたんですが、Ｘ町に住んでるとき、旦那が飲酒運転で事故を起こして帰ってきたから、「次やったら私は実家に帰ります」って言ったんだけど、またやったので実家に帰ったところ、親から「そんな体裁の悪いことはさせられない。帰れ」って言われ、旦那が車で迎えに来たら、旦那からは、「次こんなことやったら、お前覚えてろよ」と罵声を浴びせられて、旦那に謝って帰りました。実家からＸ町まで帰りの車中、四時間以上、ずっとぐだぐだ怒られて、脅されて、無力化されて、私は「本当にこのまま死んでいくしかないんだな」って思いました。

むぎのこに来てからも、私にしか暴力しないから、とにかく息子を守ればいいって。ＤＶに対する知識もまったくないから、私もおかしいなと思ってたんだけど、やっぱり自分にもプライドあるし、ＤＶだって思いたくない。自分だって好きな人と暮らしているんだって幻想みたいな。全然幸せじゃないんだけど、お金もないし。自分で結婚するって言ったから離婚もできないし、このまま死んでいくしかないんだな、三十代中盤で本当に早く死んじゃうなって思ってました。娘が生まれてからも、こんな状態だったので、息子を五時まで預かってもらってたんですけど、すぐに他害がはじまっちゃって、私にも娘にも噛んでくるし、もう本当に血だらけで、他の人にも噛みつくし、耐えられなくて、毎日もう発狂しそうな感じでした。だけど家にいたくないから毎日むぎのこに来てました。

そんなある日、家で息子の四歳のお誕生会をしてたら、息子が私に噛みついてきたんです。それもがっぷりと、離れないくらいに。そしたら旦那がキレて息子を追いかけ回して、息子が「ワーッ」と部屋の隅に行ったのをそのまま追い詰めて、口に拳骨を押しつけながら「噛めるもんなら、噛めよ。何やってんだよ。ほら、噛んでみろや」って怒鳴って、そのあと部屋に閉じ込めて、息子が泣き叫んだんです。私は娘を抱きながら、「もう無理だ」と思って、それでも旦那がそれ以上怒らないように鎮めて寝かせた、そんな夜でした。

次の日むぎのこのグルカン（グループカウンセリング）で、古家先生とかみんなが参加していて、「今週どうでしたか」っていうことをそれぞれが話すときに、こういうことがあったんですって、昨日の話をしました。初めはフラットな感じで、そんなにひどいことじゃないよ、みたいな感じで言ってたんですけど、どんどん悲しくなって、苦しくなってきて、ボロボロ泣きながらうわーってしゃべったんです。そしたらもうなんか胸のつかえが取れたように、すべてが怖かったり、苦しかったり、そんな感情みたいなのが一気に出てきて。それでこれは危ないので、息子はその日の夜から、先輩お母さんの竹内さんの家に泊めてもらって帰らなくしてもらいました。

そのグルカンのときは仲間から、「大変だったね」みたいな感じで言ってもらえて終わったんだけど、そのあと私は家に帰るのが怖くなり、それでもその日は何とか家に帰ったんだけど、怖くて過呼吸になるようになりました。それからもむぎのこの事務所で古家先生と北川園長がいっぱいお話を聞いてくれました。

その後も怖くて家にいられないから、本当はみんなと同じ三時とかお昼で帰るんですけど、私は娘と五時までいさせてもらって帰ったりとか、まわりをふらふらしながら歩いたりして帰っていました。でももうそんな生活も続かなくて、土曜療育があるときに担任の中原先生が、「お母さん、園長先生とお話しないかい」って連絡をくれて、お話をさせてもらえることになりました。

緊迫の脱出作戦

北川園長が「女性センターっていうのがあるんだよ」って教えてくれて、そのとき「旦那から逃げられるんですか」って聞いたんですね。そしたら、「それはどうかわからないけれど、そういう方法もあるんだよ」って教えてもらって、「もしかしたら逃げられるかもしれない」と思いましたが、とりあえずその日はそのまま家に帰りました。だけど怖さがどんどん増幅してきて、過呼吸になって倒れそうになることもありました。

そのあと「じゃあ逃げよう」となったときに、先輩お母さんの田中さんに付き添ってもらって女性センターに行くことになり、息子は集団生活ができないので児相で一時保護をお願いしてもらって、息子と別れて私は女性センターに娘とまっすぐ行きました。

逃げる直前に、さすがに何か持って行かなければということになり、田中さんが保険証とかは持って行ったらやばいから置いていったほうがいいって教えてくれたりしたんですが、緊急事態で慌てていたので、結局持って出たのは、娘の服と息子に渡してもらう着替えをちょっとで、自分のものは下着三枚くらいでした。そういうときって本当に何にも持ってこれない。

女性センターへ行ったら、服は全部もらえて、Tシャツが何枚必要とか申請したら次の日にくれるんです。それを着て、出るときはその服を持って出られるんです。だからセンターから出たときに持ってきたのは、段ボール箱が二個、ほとんど娘の荷物であとは女性センターからもらったものだけ。むぎのこの先輩お母さんたちがフリースクールの連絡網で、「松本さんに何か服ないですか」って回してくれて、おかげでたくさんいただきました。

避難中に旦那との離婚を決意したんですが、私の父親が「離婚はさせない」って言って、母親も「お父さんがそういうふうに言ってるから、私の目の黒いうちは離婚は認めません」って言われたので、親には頼れない、ひとりで生きていくしかないと思って、調停することにしました。

調停離婚後、旦那には接近禁止命令を出してもらって、家のまわりをパトカーで巡回もしてもらって、最初のうちは旦那もなんかすごい言ってきたけど、弁護士さんから連絡がいったら、ピタっと止まりました。それよりも旦那の親が一回むぎのこまで来て、そのときは「来た！」ってなり、私は二階の職員室の奥に隠れてパニックになって、「なんで私がこんなことにならなきゃいけないの」「子どもは絶対に渡さないから」と騒いでたんだけど、同級生の親が、「大丈夫、大丈夫」「絶対に会わせないから大丈夫」って支えてくれて隠してくれました。息子はその日みんなと外で遊んでたんだけど、奥の部屋で別保育にしてもらって、靴も隠してもらって、そうやって本当にみんなに守ってもらいました。

実家の親からは「恥ずかしい」とか電話もあったんだけど、「あんまり人とかかわると具合悪くなっちゃったりするので、必要があったらこっちから連絡するから、しばらくすいません」って謝って、本当に必要以外の連絡はとらない、七年くらいそんな生活をしてました。本当にむぎのこだけで、こっちだけで生きるっていうふうにしたので、ここがなかったら即行で死んでました。頼るところがどこにもなかったから。

先輩お母さんたちに助けられて

息子の療育のためにX町から札幌に移ってきて、知り合いも友だちも誰もいなかったのに、グルカンでDVのことを泣きながら話してから、園長や先輩お母さんが一生懸命に助けてくれて、四か月目には女性センターに逃げて、そこから三か月くらいで離婚が成立して、本当にバタバタバタバタっとことが進んでいきました。

まだむぎのこに来て何か月かで、先輩お母さんのことも知らなかったのですが、女性センターにいるときに、センターを出てから住む新しい家を決めるときも、古家先生が電話をくれて、「明日お家を見に行くのに木戸さんが一緒に行くから」って言われました。「木戸さんって誰だろう」と言われたままに迎えに来るのを待っていたら、本当に木戸さんが現れて「はじめまして」と挨拶して一緒に家を探しに行ってくれました（本当はむぎのこが世話をしてくれても決まっていた物件を見るだけ）。そうやって全部フロンティアの先輩お母さんたちがやってくれました。

ひと月くらいで女性センターを出て、娘と息子の三人で暮らしはじめたんですが、私はDVの影響でパニックや過呼吸などの症状があって、家から一歩も出られなくなってしまいました。なんにもできなくなってしまった自分にがっくりして、娘にお風呂も入れてあげられず、外にも出られません、ご飯も食べられません、寝られません。家のゴミも隣に住んでいた細木さんが全部捨ててくれました。娘を抱けないので泣き止まないときは、三軒隣の宮崎さんが抱っこしてくれて、朝は笠井さんが、夜は杉山さんが様子を見に来てくれて、毎日毎日「どうだい」って声かけをしてくれて、移動も何もかも全部人に助けてもらって、毎日むぎのこの送迎に乗って来てました。

不安なときに助けを求めたらすぐに職員が来てくれたこと。ひとりで行動できないときは目の前のコンビニまででも一緒についてきてくれて行動をともにしてくれたこと。朝と夕方に顔を見に来てくれたこと。ご飯も寝かしつけもお風呂も何もかもできなくなっている私を馬鹿にせずに「大丈夫」というまなざしで見守り、すべて助けてくれたこと。迷ったり崩れたりしたときは、そんなときもあるよと横に並んでくれたこと。そんな言葉や支援だけではない、やさしいぬくもりとまなざしを感じて、とても安心しました。上から目線の支援ではなく、同じ立場で、同じ目線でものを見て寄り添ってもらいました。これが「共に生きる」なんだと思います。こんな私でもここにいていいんだと肌で感じ、生きていていいんだと心から思えました。

少しずつボランティアをさせてもらって、個人カウンセリングもいっぱい入れてもらって、娘が小学校に上がるときにむぎのこの職員にしてもらいました。そこで生活保護からやっと抜けて自立したんです。今は自分の経験を生かしてDVの自助のファシリテーターもやっています。

DV自助——支援者として

とにかく人に見つからないように生きているっていうか、怒られないようにとか、おとなしく目立たないように生きるっていうのが一番で、どっちかっていうと早く死にたいなあっていうのがずっとありました。生きるために生きてるんじゃなくて、死ぬために生きてるっていう感覚がずっとあったから、今はものすごく楽しくてしょうがないっていうか、こんな楽しいことがあるんだとか、会話してても楽しいなとか、どんどん人生楽しくなっているというか、幸せになっているなあって思えるようになりました。本当に死ななくてよかった、自分を殺さなくてよかった、子どものことも殺さなくてよかったし、がんばって生き続けてよかったなあって思います。

今は自分が先輩お母さんや職員にしてもらったことを、むぎのこのお母さんたちにしています。基本的に生活の中の些細なこと、腹が立ったことやうれしかったことを雑談とか井戸端会議のようにざっくばらんに話ができて、時には泣いたりしながらも、お互いに話せるような感じがいいのかなと思います。だから、道端で会ったときには「元気?」などと声をかけ、気さくに話すようにしています。

ＤＶ自助では、初めは話さなくても話してもどちらでも、まずこの場にいることがすばらしいことなので、話せる範囲で話せたら話してもらうようにしています。話してくれたら、とにかく聴きます。共感する、同じ立場でいることを大事にしています。

「今までよくがんばって生きてきたね。大丈夫だよ」という感覚で受け止めています。感情が徐々に回復してきて、怒ったり、泣いたりしながら、話すことで癒されて共感されて、ひとりではないと安心するのかなと思います。

だんだん自分で決めなければならないことが出てきます。判断するまでの悩み、苦しみも共感します。しかし、どんなときも決めるのは本人です。そうすると自分で判断したという自信につながると思います。私にとって旦那は絶対的な支配権をもつ恐怖の存在でした。「無能だ、クズだ」と言われながら生活してきていたので、自分で決断できたという事実は大きな自信になりました。そして結果的に間違ってしまったとしても、そんなこともあるよと励ましてもらい、「間違ってもいいんだ、ひとりではないんだ」と安心したのを覚えています。

人は多かれ少なかれつらい体験をして生きてきています。ただそれを表面化せず日常を過ごします。みじめだ、悲惨だと思っているときは、こんな思いをした人なんてどこにもいない、誰も気持ちをわかってくれないと思いがちです。

ひとりじゃない。みんな案外いろいろあるもんだ。ひとりでは難しいから仲間と一緒に乗り越えていこうという気持ちを大事にしています。

三　過去の囚われからの解放（宗教自助）

ネグレクトな家庭で育った冨森さんは、二十一歳のときに新興宗教に入信し、そこで知り合った男性と結婚して、宗教からは脱退できましたが、そのことをずっと隠し続けていました。むぎのこでのカウンセリングを通して、宗教の影響が強く残っていることに気づき、同じ年代のお母さんたちにも支えられ、宗教自助グループの仲間と共に親としても成長を続けています。

十六歳で後追い――むぎのこでのわが子の成長

家族構成は私と夫、長男が二十三歳、長女が二十一歳で重度の自閉症、次女が十八歳で高校三年生です。

長女が二歳七か月のときにむぎのこに初めて来ました。最初は十か月健診のときに保健所に行ったら、先生から「目が合わないですね。この子は物には関心があるけれど、人には関心がないですね。半年後にもう一度来たらいいですよ」というふうに言われ、その言葉に腹が立って、半年後の健診にも行かずに過ごしていました。でもやっぱり家に帰ってからも目が合わなかったりとか、呼んでも振り向かないこととか、指摘されたことがどんどん気になってしまいました。それでも反発心があったので、保健所には行かずに自分で病院を受診して、たまたま近くの子どもクリニックを紹介してもらって、そこで月に二回、個別で一年くらい療育を受けるようになりました。でも歩きはじめたらどんどん多動になってしまって、私の手に負えなくなってきました。

本当はそこに通っていたら良くなると思っていたんですけど、「月に二回ではちょっと足りないのでどうにかなりませんか」と相談したところ、むぎのこを紹介してもらって、見学に行ったら古家先生が対応してくださって、「明日から来ていいよ」っていうふうに言っていただいて、その次の日から毎日通うことになりました。

むぎのこでは多動で危険がわからない娘に職員がいつもマンツーマンで支援してくれました。十時から五時まで療育してもらい、私もむぎのこで働かせてもらいながら母子通園して、個別カウンセリング、グループカウンセリング、自助グループで、自分のトラウマや悩みごとを話すことで自分を知り、そして少しずつ人を信用できるようになりました。

娘が小学生になってからは、むぎのこのフリースクールに毎日通いながら、地域の小学校の支援学級に週一回通うことになりました。フリースクールでは職員とお母さんたちが協力して活動して、そこでつくりあげることを学びました。重度の障害がある子がいると家族でどこかに出かけたりすることが難しいですが、フリースクールでキャンプに行ったり、スキーや登山に行ったり、いろんな経験をさせていただきました。

中学生からはジャンプレッツのデイサービスを利用し、週一回特別支援学校に通いました。私が娘とかかわることが難しかったので、ジャンプレッツの生活介護に行くようになり、そこで職員の方がいつも肯定的にかかわってくれて、できることが少しずつ増えていきました。十六歳でグループホームに入居し、できることや言葉も増えていきました。自宅だと介助がないとできないと決めつけて、なんでも私が手伝ってしまったり、ひとり遊びをネグレクトしてしまっていましたが、グループホームで同世代の人たちや職員のかかわりで変わっていきました。

小さいころは後追いもしてくれず、「みんな障害があっても親をわかって親を求めるのに、どうしてこの子は求めてくれないんだろう」と他の子を見ながらうらやましく思っていました。そんな娘も十六歳で初めて後追いがはじまり、今でも私のあとを泣いて追っかけてきてくれます。十六歳で初めて後追いされたとき、「これが憧れの後追いだ」、それを古家先生に言ったら、そのとき古家先生は、「十六歳からの後追いね」って言ってくれて、なんかすごいうれしくなりました。

被虐待体験から新興宗教へ

私の母親は若くして結婚して、私が小さいうちから夜私を置いて遊んで歩く母親だったんです。五歳下の弟がいるんですけど、おしめをしているときから遊んで歩いていたので、私がおしめを取り替えたりとかして夜を過ごしてきたんですけど、むぎのこに来て、それが初めて虐待だったということを知って、「自分はずっと虐待を受けてきてたんだ」と思いました。今考えると、児相が動くことだったのに、母親が毎週土曜になると遊びに出て歩くっていうことで、本当に怖い思いをずっとしてました。

父親はいたんですけど、国鉄の職員で機関士だったので地方に行ったら一泊して帰ってくるので、そのタイミングをはかって母親は不在にしました。母親からは「お父さんには言わないでよ」って言われてたので、私が父親に言うと家庭が壊れるっていう恐怖があって、ひとりで耐えていました。なので土曜の夜が来るのが怖くて、「まんが日本昔話」のオープニングのテーマ曲「坊や〜」がテレビから流れると、ちょっとゾワっとするっていうか（番組がはじまる夜の七時にはお母さんがいない）、今はもうなくなりましたけど、若いうちはそんな感じがありました。

夜が怖くて幼い弟が泣くのをあやしながら、なぜ母親は子どもを置いて遊ぶのだろうと、「行かないで」と泣いたこともあったけど、それでも必ず行く母親を見ながら捨てられたように感じていたんだと思います。そして夜になると祈るようになりました。母が早く帰ってきますように、父とけんかになりませんようにと。

母親の夜遊びは私が高校生になっても続いていましたが、中学生のころにはあきらめと、いないほうが楽と私も感情を出さなくなりました。高校在学中に父親が勤めていた国鉄が民営化になり、私は五歳下の弟が将来大学に行ったらお金がかかると思い、自分は就職を選びました。

二十一歳になる少し前のある日、ひとりで街に買い物に行きました。デパートの前を歩いていると、そこに大学生くらいの女性と男性のペアがすばらしい笑顔で、「アンケートに答えてくれませんか」と話しかけてきました。私は特段急いでいなかったので、「いいですよ」とアンケートに答えました。内容は自己啓発的なもので、最後に「本当の愛はあると思いますか」という質問があって、私は「わからない」と書きました。すると、女性から「本当の愛はありますか」と聞かれ、私は「あってほしいけど、自分にはない」と答えました。そしたら、「本当の愛を知りたくありませんか」と言われ、その女性の笑顔になぜか惹かれ、「知りたいです」と言われるがままについていきました。それが新興宗教だというのは、あとになってから気づくのですが。

夫とはその新興宗教で出会って恋愛関係になり、それで結局宗教はやめるんですけど、合同結婚式にも出たんです。合同結婚式ではお互い相手が違って、私はタイ人と韓国で挙式をしました。教会では決められた人以外の人との恋愛（結婚）は許されなかったので、夫とは一緒の部署にいたので教会をやめるときは呼ばれて何度も説得されて、そのときに「そんな結婚をしたら障害児が生まれる」と言われたんですけど、本当に生まれてしまって。

宗教をやってきて隠す癖がついていて、いろいろと生きづらさがありました。娘が五歳になったころ、私はむぎのこの事務員として働かせてもらっていたんですけど、受付の電話をたらい回しにしたことで苦情がきたことがありました。そのときは北川園長や古家先生たちと子ども虐待防止学会のために仙台に来ていたんですが、その対応のために古家先生は札幌に戻り、私があまりにもおかしいので、なんか隠しているんじゃないかって園長が気にしてくれて、そこで初め「DV?」とか聞かれたんですけど、「実は宗教をやってて」という話を打ち明けました。初めて打ち明けることができて、やっぱり気持ちが楽になりました。

今まで隠すことで自分を保てていたのが、話すことで自分は大事なことと思わされてやってきたことは（霊感商法）ひどいことだということに気づいたのです。きつかった時代だったけれど、そこからは同じ年代のたくさんの仲間のお母さんたちがいて、叱咤激励とか、いつも話を聞いてくれたり、一緒に泣いてくれたりとか、そんな十何年だったなっていう感じです。今は生活介護で娘がやってきてもらった分、自分も誰かの役に立てたらなと思いながら働いています。もうすぐ里親になる予定です。

自助グループ

むぎのこではお母さんたちと一緒に参加するグループカウンセリングの他に、北川園長や古家先生に個別カウンセリングをしていただいたり、自助グループにも入れていただいて同じ悩みのある人たちとお話しながら、いろいろと自分について気づいたり、元気をいただいたりしてきました。今は宗教の自助以外に、重度の自閉症と先天性股関節脱臼の自助にも入っています。私自身、小さいころから先天性股関節脱臼で生活がちょっと困難なときがありましたが、最近手術をしてすごい良くなって働けています。

宗教自助は、参加者が六人くらい、みんなそれぞれ宗教を経験してきています。私の場合はすごいのめり込んで七年近く信仰してたのですが、それについて自分自身の気づきとか、今まで自分自身が宗教のせいで「私はこうなんだ」と思ったことが一度もありませんでした。むぎのこに入って重度の娘を抱えながら生活しているのに、いつもちょっと着飾ったりとかして、人には苦労しているように見られたくないとか隠したりとかしていました。だから、常に流行のものを着て、重度の子がいるのに人から「そんなふうに見えないわね」と言われることがすごい気持ちいい活力になるというか、髪の毛も茶髪にして、重度の子がいて家の中が大変なのにモデルのエビちゃん（蛯原友里）みたいにしてたんです。そういうことをしていることで自分を保っていられたんですけど、グループカウンセリングとか個人カウンセリングをしていく中で、宗教でやってきたことが本当に影響してたりしてたのかなと思うようになりました。

自助グループでは過去の話もそうなんですけど、現在もこういうことがあったと話したときに、それってやっぱり今までやってきた宗教のこんなことが影響しているんじゃないかとか、そんな話が出ますね。みんな違う宗教なんですけど、なんかすごい共通点がある。たとえば子どもに対してのかかわりとかも、「自分はわかっている、あなたはわからない」みたいな。宗教をやってたときも、「私はわかっている。神様からのことをわかっている。けれどあなたたちは知らないから、私が伝えなきゃいけない」みたいなことをやってきたんだけれど、それが仕事をしていても、子育てにしても、自分が上に立ってなんかこう相手のことをしなきゃとか、相手はわかってないからなっていう、どこかそういう感じに見えたりとか、それだけじゃなくいろんな人の話を聞いていても、なんかやっぱり人を馬鹿にしたりというような態度が出たりとか、そういうのがあるのかなって。

自分ではもうずいぶん前にやめてるので宗教の影響はそんなに残っていないと思ってたんですけれども、でも本当に残っているんだなって感じることがあります。

根深い新興宗教の影響

働きながら、なんで自分はこうなんだろう、重度の自閉症の子がいて、ずっと同じクラスでやってきた人たちはすごく良くなったりしているのに、なんで自分は同じようにやってるつもりなのにできないんだろうって悩んだ時期がありました。それまで娘は「本当にわかっているのかな」「私が母親だとわかっているのかな」くらいに思うことがありましたが、娘が十六歳からグループホームに入って、そこからやっぱり、私から離れたら娘はどんどん変わっていって、言葉も出て、本当に感情豊かになって、なんか人間らしくなったというか、本当にそんな感じがしました。

それなのに私といえば、最初は自分のことで手いっぱいでした。私はすごいコントロールが強くて、ずっと夫が私の言うことを聞くことに満足してたんですけど、夫も今むぎのこで働かせてもらっているんですけど、その夫が突然、「なんかお前は間違ってる」「お前が言っていることは自分本位で子どものことを考えていない。間違っている」っていうふうに言ったんですよ。今まで夫とはずっと同じ思想だったから共感できる自分の味方だと思っていたのに、「何、私が間違っているんだ」なんて思って、夫が私のことを全否定するんだったらもう別れるみたいな雰囲気になって、全然子どものことを考えずに自分のことばかりやっているのは自分のほうなのに、私は本当に腹が立って、床に頭をバンバン打ちつけて自傷したんです。「私にはひとりも味方がいない」。なんか本当にすごい独りぼっちな感覚になってしまって、「もう、やだ。ここから逃げよう」と思いました。

宗教では反発しなかったのに、家では思い切り反発していたので、古家先生が、「近くに引っ越してきて支援を受けたほうがいいよ」と言ってくれたときも、そのときは長男が小学校一年生で、地域に友だちもいて、サッカー少年団に入って水泳も習って、私が願っていたふつうの家庭だったので絶対にいやだと思ったんです。だけど、古家先生が、「お兄ちゃんはママの言いなりでノーと言えないから、このままいったらひきこもりになるよ。だから転校してこっちに引っ越してきたほうがいいよ」と言われたんです。それでも私はそんなことはない、将来ひきこもりになんかならないと思ったんですけど、夫は「俺はなると思う」と言ったので、私は「やっぱりダメかな」と思いながら、それでも悩んだけど、やっぱり子どものこともあると思って引っ越しを決めました。

私自身ずっと母親にノーと言えなかったから、ノーと言えるようになる前に宗教にのめり込んで、結局ノーと言えないまま大人になって、家族ができたけど、その家族もみんなノーと言う力がなくて。でも、むぎのこに来て、北川園長や古家先生に思い切りノーと言うようになって、古家先生には先生が寝込むほど苦労をかけてしまいましたけど、ここでやっと第二反抗期をやって大人になれたように思います。もう三十五歳になってましたけど。

四　緊急電話が命綱――虐待から救われた子育て

子どもにはっきりとした障害があったわけではありませんが、子育てがうまくいかずイライラが募っていた中野さんは、保健師からむぎのこを紹介されて、カウンセリングやペアレントトレーニングだけでなく、いつでもつながる緊急電話に支えられて児童虐待の危機を乗り越えました。しばらく保健師から「安否確認」の電話がありましたが、無事に親子で暮らし続けていけるようになりました。

子どもと一緒にいたくない

子どもは今年の春から小学校一年生の娘と、むぎのこに年中さんの弟がいます。

むぎのこに来たきっかけは、今小学校一年生になっているお姉ちゃんが二歳半のころに保健センターで相談したのがきっかけでした。弟とはちょうど二歳差で育児がうまくいかなくて、家で怒鳴ってしまったりとか、日々イライラが募っていて、そのときにちょうど弟の四か月健診をきっかけに、保健師さんに相談してむぎのこにつながったという経緯で、それ以来むぎのこに通園しています。

むぎのこを紹介されたのは、娘の発達に心配があったわけではなくて、ＩＱ検査ではふつうで知的には問題はなかったのですが、それよりも私の心を休めるために一時保育を勧められたときに、「一日数時間預けただけではどうにもならないです」と言ったら、こういう毎日通えるところもありますよというのがはじまりでした。だからここに来ている子たちとは全然違ういきさつで来てると思います。検査で引っかかったとか、健診で引っかかったのではなくて、私が「入れてくれ」みたいな感じで、とにかく子どもと離れたい、一緒にいたくないといって紹介された感じです。

ただ、保健センターでもらった市内のデイサービスなど、事業が載っている冊子のむぎのこのページに個別カウンセリングと、もうひとつすごい興味があったのがペアレントトレーニングという言葉が書いてあったんですよね。「ペアレントトレーニングってなんだろう」っていう興味で来たのと、自分で探してカウンセリングに行ってたので、それがここでできるならいいなと思って、支援内容を見て興味をもって来たので、自分の中ではむぎのこはちゃんと選んで来た場所ではあります。CSP（コモンセンスペアレンティング）を学べたのは自分にとってもすごいよかったなって、使いこなすにはまだまだ全然っていう道のりですけど、知ってるだけでも違うなっていうのはすごいあって、ここに来られてよかったです。

先月、北川園長のカウンセリングを初めて受けました。そのときはほとんど夫の話をしていました。夫とは十六歳離れていて、夫は子どもはかわいいという感じがあります。仕事が不規則で、子どもが起きる前にいなくなってて、寝てから帰ってくるみたいなことが結構多くて、だからやっぱり日常的に私がどんどん心が病んでいって、子どもにきつく当たっていくことには心を痛めていて、私が無理ってなってたので、その分何かと目をかけてくれてました。今でもネガティブな感じがあるときは私よりお父さんに言いやすいとか、ちょっとイライラして癇癪を起こしはじめたときはお父さんのほうを頼るとか、私に百パーセント甘え切れないところはあるんですけど、そういうところでお父さんがフォローしてくれたり、抱っこしてくれたりとかして、家では私ができないところをやってもらってたりしてました。

お母さんは今のままでいいよ

むぎのこに来てからも、来る前からもずっとなんですけど、日々の娘の他害がありました。外に遊びに行けば、よその子どもを突き飛ばしたりとか、公園だったら砂をかけたりとか、家では癇癪が激しくて、一緒に接することがどんどん怖くなっていって、どうかかわっていいかわからないというところでむぎのこに来たので、入ってからも母子通園したからといって急に抱っこできるとか、スキンシップをとれるとか、ほめられるというものではありません。ここに来たときは先生に、「お膝で抱っこして」と促されても、「いや、無理です」みたいな状態でした。

それでもやっぱりそれではまずいという意識はずっとあって、むぎのこでも娘にやさしくしたいけど、どうやさしくしていいかわからないという相談をグループカウンセリングで話したときに、古家先生にかけられた言葉が、「やさしくするのは今は一回あきらめてほしい。今はむぎのこでかわいがるから、お母さんは今のままでいい」でした。二歳児のクラスに入って、そのときの古家先生の親子のかかわりを考えるみたいなグループスタディで、娘にやさしくできないっていうのを相談したときも、「今はあきらめて。今はもう無理だよ」って一言言われて、結局その一年くらいはもう親子関係というのは変わらずに、家では怒ってしまうし、やさしくしたいって思いながらも、どうほめていいかわからなくて、模索する日々がずっと続いてました。

一年後に年少さんになったときに、もう一度古家先生のグループスタディに出る機会があって、「あのときあきらめてって言われたけど、一年かけても相変わらずやさしくすることもできなくて、家では怒鳴ってばっかりで」と同じ相談を投げかけたときに、古家先生が生い立ちについて聞いてくださったんです。「お母さんは厳しかったの」と聞かれたときに、今までカウンセリングでも、生い立ちについて聞かれたことは何度かあったんですけど、子どものかかわりと自分の生い立ちがつながっているって、まったく考えていませんでした。自分の親は全然ふつうの親でふつうに育てられたって言ったり、個別カウンセリングをしてくれていた中井さんにも「親の話はあまり関係ないですよね」って話したりしてました。

でもそのとき古家先生に生い立ちのことを聞かれて、なんでこんなにいろいろな人が生い立ちの話を聞くんだろうなと思いつつ、聞かれたことにそのまま答えて、「そんなにほめられた経験はやっぱりなかったな」とか「ちょっと厳しかったかな」「父がなんとなく怖かったな」、そういう話とかしてたら、「やっぱりなんかちょっと関係あるのかな。それだけ聞かれるっていうことは」っていうのが自分の中に残りました。古家先生も、「そういう生い立ちをもっているお母さんは、なかなか簡単にはほめられないし、ほめられた経験がないからほめ方もわからないのは当然だから、やっぱり今はそのままでいいよ」って言ってくださり、そのあと古家先生が中井さんにワークを勧めてくださって、ワークを受けるきっかけになりました。そのときぐらいから過去のこと、自分の生い立ちのことをすごく思い出すようになったと思います。

ちょうど娘が三歳になった誕生日に、私の母が子どものやるドリルみたいなものを買ってきて、その中に線のとおりに丸を切るみたいなワークがあったんです。その丸を切るにしてもガタガタだったんですけど、三歳の子のガタガタな丸を見て、私の母が孫娘に、「やっぱりここはもっときれいに切らないと」みたいなことを言っているのを見て、私は娘が丸を切れたことに対して、率直に、「すごいな。ハサミを家でもそんなに使わせてないのに切れてすごいな」と思っていたのに、やっぱり母はできてないほうに着目するんだなと思いました。私の家に遊びにきたときにも、「ここが掃除できてない」とか、悪いところ、できてないところに注目するんだということに気づいて、私も娘のできてないこと、問題行動ばかりにずっと注目していたんだと気づきました。

ＣＳＰでほめるスキル練習をするときも、「ほめるところってなんだろう」、むぎのこではほめるっていったら、たとえば帰ってきたら靴を脱いだらほめるとか、「靴を脱ぐぐらい当たり前でしょ」って思ってました。でもむぎのこでそう言われてるから、かたちだけでもやろうと思って、取り組もうとしたんですけど、やっぱりなんかメラメラと悔しい気持ちというか、ほめようとしたときにイライラしてしまう自分がいて、靴を脱げたくらいで「すごいね。えらいね」って言うように言われても、言葉として声が出なくて、なんかイライラしちゃって、なんでこんなことでほめなきゃいけないんだろうって、結構苦しい期間があったんです。ＣＳＰを教えてもらっても、頭でわかってても実行できない、頭と心が噛み合わないみたいなところにきて、そのときくらいからやっと個別カウンセリングで自分から生い立ちの話を結構していけるようになりました。

生い立ちからの気づき

生い立ちの話をするようになってからの個別カウンセリングで、親に言われてすごいいやだった記憶として、「朝、幼稚園に行くときに、毎日笑顔でニコニコしていなさいって送り出されるのが、なんかすごい嫌いだったんですよね」っていう話をしました。私自身は愛想のいい子ではなかったし、友だちもすごい少なかったんですけど、友だちができるためには、やっぱりみんなと仲良くして笑顔でいなさいっていうのが母の願いというか、期待だったんです。だから幼稚園に行って笑顔でいられないで相変わらずムスッと過ごしてて、友だちはできないで遊ばないで帰ってくるみたいなことに、すごく後ろめたさとかをもっていて、自分は母が望む子どもではないな、期待する子どもではないなと、なんとなくずっと思ってました。

そういうところからどんどん闇が深まっていくというか、自分を肯定することができなくなって、母にとっては要らない子ども、いてもいなくてもいいなみたいな、どんどん悪いほうに悪いほうにとるようになっていました。自分はいなくてもいい存在なんだなっていうのをずっと抱きながら過ごしていたなっていうのが幼少期にあったというところに気づけて、母の願う子になりたい、母の望みに応えたい、ずっと認められたい気持ちがあったからこそ、自分を変えて、自分という人間を変えてまで、まじめでもない人間だけどまじめぶって生きたり、まわりが「やっぱりこういう人っぽいよね」って思ったイメージのとおりに生きようとするようになっていました。

今になってだらしないことがボロボロ出てくるんですけど、やっぱりまわりの期待とか、まわりの目っていうか、すごく気になって、まわりの評価のために生きるみたいな感じの価値観になっていました。だからこそありのままでほめられる娘が、憎いとすら思えてしまうっていうことに気づいて、「この子はいいな。こんなくだらないことでほめられて」「思う存分こんなちっちゃいことで気がすむまでだだこねて、癇癪起こして」、それでも「いいよ」って受け止めてくれる先生たちに出会えて、ただただもう「ずるい」って思いました。子どもに「ずるい」っていう感情を抱くことが母子関係として後退するようには思ったんですけど、意外とその「ずるい」っていう気持ちを認めてからのほうがどんどん受け止められることが増えていって、「ずるい」っていう気持ちをグループカウンセリングとか個別カウンセリングとか担任との面談などあらゆる場所で結構話してきたんですよね。「こういうのがいやだったし、こういうことで怒ってしまった」とか、そういうネガティブなことも話しても、先生たちは全部受け止めてくれて、グループカウンセリングに一緒に参加してるお母さんたちも、その話に共感してくれました。

仕事で曜日が合わなくて娘の学年のグループに出られないときは、誰かと話さないと心が保ってられなくて、「学年が違うんですけど出させてください」って頼んでひとつ下のクラスのグループに入れてもらったりもしています。そこで仲間のお母さんが「中野さんの話を聞いてたら、なんか自分の頭の中が整理された」とか言ってくれて、結構話を聞いてくれたりして、まわりのお母さんたちにも声をかけられて、学年は違うけれど結構みんな受け入れてくれて、話せる場があったから、その「ずるい」っていう気持ちを全部娘にぶつけないですむようになっていきました。

今でも難しいところはいっぱいあるんですけど、結構極端で、ゼロか百かみたいな考え方で、子どもができないと怒りつけちゃう性格なので、最初は一《いち》できるようになっても認められなくて、一気になくすことを目標にして、すごい怒鳴って、手も出すような虐待ママだったのに、いきなりやさしいお母さんを目指してたんですよね。途中の過程も飛ばしていきなりやさしい、それこそ母に言われたようないつもニコニコしているようなお母さんにならなきゃって思ってたから。

そこの考え方を変えて少しずつやっていこうって。その時点でもうむぎのこに三年くらいいたから、年中さんになってようやく一個ずつって思えるようになって、一つずつひとつずつ、今まで百怒ってたのを、九十九にとか、一個ずつ減らしていこうと思って、そのためにしてたことが電話をすごい使うことでした。

緊急電話が命綱

最初は電話をかけて、娘のパニックを止めてもらうっていう感覚でかけていたんですけど、自分が妬《ねた》んでイライラしてしまったときにかけるっていうふうに変えていったら、自然に娘のパニックも長時間にならなくなったりだとか、自分の気持ちを受け止めてもらうためにかけるようになってからのほうが、電話をかけたあとの娘の変化を感じやすくなっていました。本当に最初は治療的にというか、電話をかけて娘のパニックを止めてもらうっていうことが目的だったので、「電話かけてもパニックおさまんないじゃん」と思って滅多にかけなかったりとか、「どうせかけても意味ないでしょ」と思ってかけるのをやめることもよくあったんですけど、娘に対してもつ自分の感情の根本がわかってからは、自分のイライラのコントロールのためにかけるという使い方になりました。自分の気持ちをおさめるためには、水を飲むとか深呼吸をするとか、そういうのでは十分ではなくて、グループカウンセリングとかで話してきたように、電話で話を聞いてもらうっていうのが一番感情がおさまるというか。やっぱり今もそうです。

そろそろ電話をかけないで生活を回せるようなりたいなという気持ちは出てはいるんですけ

ど、一時期は毎晩かけてましたね。同じような時間にかけてて、そうしながらちょっとずつ娘とふたりで過ごすことに苦痛を感じなくなったりとか、あんなに抱っことか触れるのも触れられるのもいやだった子なんですけど、今は娘も「抱っこして」って言ってくれるようになったり、抱っこしてって言う娘を、もう一年生だけど抱っこしてあげられたり、以前だったら「二歳だからもういいでしょ」「二歳だから歩きなさい」と言ってたのに、小学校一年生の子どもを抱っこできる気持ちになったりとか。中井さんと話しててインナーチャイルドっていう言葉をよく聞いたんですけど、自分自身でも気づいていて、大人になり切れていない、置いてけぼりになった子どもがいるっていう感覚はずっともっていたので、すごいその言葉を聞いたときに腑に落ちて、よくその言葉を使っています。

癒しとして何か特別なことをしたというつもりはないんですけど、トラウマのワークにも二回出ていますが、それで癒されたというわけでもなく、ただ一気にではないですけど、いつから嫉妬とかずるいと感じてもイライラしなくなったのかなと考えてみると、グループカウンセリングとかで散々愚痴ってきたんですよね、私。「娘のこんなところがいやだ」とか「こんなことでほめられて、なんかずるい」とか、そういう自分のいやだなっていう気持ちを結構放出してきたので、知らない間に愚痴って受け止められている間に、自分の心も気がすんだのかなって。散々愚痴り尽くしてそろそろもういいやってなったのか、吹っ切れたというか、そろそろなんか気がすんだなという感覚はちょっとあります。それでも時々ちょっと再燃することはあったりとかしますけど。

だから今は「抱っこ」とか「ほめて」って言われても、「これくらいで」っていう感情はあまりなくなっていて、気持ちの問題でほめられないことはあるんですけど、以前あった嫉妬とか、ずるいとか、あなたはいいよねみたいな感情は変化していて、その分娘との距離はちょっと縮まったと思います。前までは娘自身が怖くて「抱っこ」とかも言えなくなっちゃってたんですよね。してもらえるわけがないから「お母さん好き」とかも言わなかったし、「抱っこして」とか「ギュウして」とか、そんなことも自分からは発しなくなってたんです。それがこの数か月ですね、「抱っこしてほしい」とか「今日も学校行ってがんばったからギュウしてほしいな」とか、自分から言ってくれるようになったのは。たぶん私自身もそのときに「いやだよ」って言わなくなっていったから、向こうもちょっとずつ「大丈夫かな」と安心して言えるようになってきたのかなとは思ってて、今はそんな感じで過ごしています。

虐待防止だったのかな

むぎのこにつないでくれた保健師さんはとても親切に対応してくれましたが、今から思えば、きっと児童虐待のケースだと思って、とにかくどこかにつなげなきゃとがんばってくれてたのかなと思います。何かにつけて「お話しましょう」って家庭訪問に来てくれて、見放さないで聞いてくれた人がいたからここにつながったんです。

むぎのこに来るようになってからも、数か月に一回とか電話がかかってきて、「最近どうですか」とか聞かれて。担当の保健師さんがついていて、二年後くらいまで定期的に電話があったと思います。それは子どもが虐待されていないか、安否確認だったんだろうなって、ただの親切心からじゃなかったんだろうなって、あとから冷静になったときに気づきました。

それでも、あのころの私の子育ては虐待と言われてもしかたがないようなことだったと思います。いい保健師さんに出会って、むぎのこにつながったおかげで、今でも子どもたちと一緒に暮らして、娘を抱っこできるようになって、よかったと思います。

五　薬物依存の母親——人と触れ合いたくない日々の中で

母親から捨てられた育ちをしてきた石田さんは、子どもの出産をきっかけに再会した母親が薬物依存で、回復途上で自死した経験の中で、わが子にも虐待的な対応になっていましたが、むぎのこのグループカウンセリングや自助グループで自分の気持ちを表現し、助けを求めることができるようになり、むぎのこで働きながら前向きに生きていけるようになりました。

むぎのこに来るまで

高校二年生の長男とむぎのこの年長に通っている次男がいます。

私は育ちがふつうじゃなくて、小さいころの記憶もあまりなくて、中学生になったときは図書室に逃げ込んでいて、全然友だちとかいなくて、まず話が合わないんですよね。家の話とか、お母さんが家にいることが当たり前とか、お父さんはやさしいとか、私と全然違っていて。私はずっと怒られて育ってたし、お父さんはアル中で夜にお酒を飲んで私に当たり散らしてて、酒がなくなると私が買いに行かされて、小さい体なのに朝七時にセブンイレブンが開いたら酒買いに行ってこいってお金を渡されて……つらいことしか出てきません。

そういういやなことがずっとあったんですけど、子どもがほしくて、家庭を築いたら幸せになれるんじゃないかなって、小さいときからそういう思いがあったから、子どもができたときはすごくうれしくて育てられると思ったんです。でも、上の子は三歳になってもまったくしゃべらなくて、三歳児健診に引っかかっているんですよね。「自閉症の傾向があります」って言われて、意味がわかんなくて、「障害あると思う」って夫に相談しても夫のお母さんに相談しても、「男の子はしゃべるのが遅いから」って言われて、私もそうなのかなとスルーしてたんですけど、保育園から、「この子しゃべらないよ。お母さん、ちゃんと病院連れてって」と言われて家に帰ってそのことを話したら、夫のお母さんと夫には「障害はない」ってすごい怒られて、「自分の子どもが障害者扱いにされるのは、お前のせいだ」と、遠回しに私のせいでこうなってんだと言われているように感じました。

保育園の先生に「どうしたら治りますか」って聞いたら、「とりあえず絵本をいっぱい読んであげなさい」って言われてやっていたら、五歳くらいから自分の名前を言えるようになって、そこからバーッと成長しました。でも小学校に入ってすごく問題行動があったんです。他の子をよく殴ったりとか、嘘を信じちゃって、「次の時間、(授業が)屋上であるよ」と言われてうちの息子だけ屋上に行って、それを先生に滅茶苦茶怒られて、「ふつうだったらわかるじゃない。屋上で授業なんかないじゃない」と言われて帰ってきて、息子は「なんかよくわかんないこと言われた」って言うけれど、私もうちの息子が言っていることがよくわからないと思って、旦那に相談しても、「そんなこといちいち気にするのはお前だけだ」みたいな感じで言われて、「私がおかしいんだ。育ちもおかしいし、私がおかしいんだ」ってずっと思ってきたんです。結局、普通学級に通って、今は高校に通っているけど、私はすごい心配なんです。

次男も生まれたときからずっと寝なくて、でも私、ふたりめだしと、変な自信があって育てられると思ったんですけど、本当に寝なくて。寝ないと腹が立ってきて叩いたりとか、「なんで寝ないの」って暴言吐いたり。一か月健診で保健師さんが来たときに健診票に「ノイローゼ」って書かれてあるのが見えて、すごいイラっとして、「この人全然わかってくれてない」と思って、それからもちょくちょく来たけれど信用できなくて、結局この子も障害者扱いされるかもしれないと思って誰にも相談できなかったんです。

そんなある日、私の母が来て、うちの子どもと遊んでくれる機会があったんです。そしたら「この子変じゃない。呼んでも返事しないし、こっち向きもしない。耳悪いんじゃない」みたいな感じで言ってて、お母さんまでそういうことを言うのかと思ったんですけど、私も試しに呼んでみたら全然こっち来ないし、自分の興味があることしかしなくて、それで一生懸命インターネットで調べたんですよね。そしたら結構当てはまることがあって、偏食だし、おっぱい飲まないし……、「どうしよう、全然進まない」と思って、「変な子にしたくない、自分が変だから」という変な焦りがあってがんばってたんですけど限界がきて、息子は全然寝ないし、頭の中がパーンってなっちゃって、保健センターに相談しに行きました。

「どんな行動がありますか」と聞かれたので、困ったことを全部話しました。誰が触ったかわからないエレベーターの手すりとかベロベロなめるし、バスの窓を一生懸命なめてたんですよね。すごい変な顔されるし、いちいち拭かなきゃいけないし、子育てサロンに連れて行っても ひたすらおもちゃをなめて、人のおもちゃもなめてみたいな感じで、いやな顔されてすごいつらかったんですよ。集団行動ができないっていうか、公園に行っても砂食べたりとか、よその子に砂かけたりとか、他の子と違うかもしれないってうっすら思ってたけど。そしたら保健センターの人がむぎのこのクリニックを紹介してくれました。

親子教室にも行ったことがあるんですけど、やっぱり親子教室でも輪から外れて、イライラして「なんのために行っているのかわかんない」と思って、怒ってばかりいたら、「怒らないでください」って言われるし、「でも、どうすればいいの、これ」っていう感じで。息子は一生懸命手すりとかガチャガチャやっているだけで、親子遊びに何も参加できないのにすごい焦りを感じて、それをクリニックの田村ドクターに言ったら、「プレむぎのこがあるから、参加してみたら。他にもあるけれどここでいいですか」って言われたので、「ここでいいです。どこでもいいのでここでお願いします」って言いました。

行ってみたらマンツーマンでついてくれてすごく良くて。私すごく孤独だったんですよね。なんか忌み嫌われるじゃないけれど、バスに乗っても変な目で見られるし、子育てサロンでも「うわあ、なんか来た」みたいな感じで見られてたから。それが、よだれでベロベロなのにこうやって抱きかかえてくれたの初めてで、最後にお母さん同士でグルカンみたいのやるんですけど、一人ひとり愚痴じゃないけど、「今日こうだった」みたいな感じで話したら、そうやってみんなが悩みごと言っているだけでも、なんか悩みを共有し合えている感じがして涙が止まらなくて、何も言う前から涙が止まらなくて、感想もろくなこと言っていないんですけれど、なんかひとりじゃなくてよかったっていう感じって話して、毎週楽しみに通ってたんですよね。

すごい家が近かったんですけど、「自分の子どもが行くのに（通園）大変なんですよね」って言ったらわざわざ自宅まで迎えに来てくれて、「こんなことしてくれるんだ」と思って、本当にすぐ近くで、乗って二、三分で着くのに、でも通うのがすごい大変だったんです。暴れるし、一度雪道で暴れた子どもを落としたことがあって、そのとき近くで車に乗っていた人が窓を全開にして、私が子どもを虐待しているような目でこっちを覗いているんです。でも覗いているだけで助けてくれない。その目がすごい怖くて、いまでもそんな人の目を見ると、何か悪いことしてないかなって構えちゃうんです。

でも全部受け止めてくれたのがここ（むぎのこ）なので、今に至っては長男も私も全部引き受けてくれるので、たぶんむぎのこに来なかったら冗談じゃなくてニュースになってたと思います。殺してたかもしれない、次男のことを。なんでこんなことするのかわかんなくて。本当つらかったから。でも私だけじゃないんだ、そういうお母さんて。ここに来てすごい救われました。

母親との葛藤

私の母は子どものときから結構大変な子だったみたいで、双子なんですけどお姉ちゃんのほうがよくできて、妹の母はたぶん発達障害だったと思うんですよね。クラスで全然馴染めなくて、虫殺したり猫殺したり、そういう感じの小さいころを過ごしてて、中学校から万引きとかシンナーとかずっとやってて、男関係も派手で、そうこうしているうちにできたのが私でした。しかもお父さんは誰かわかんないって言われて、「本当は不倫してできたほうの子どもだと思う。お父さんに似てないもん」って、それを中学時代に言われて、もうお父さんのことが気持ち悪くなったんです。

母はご飯もつくらないし、夜中になると遊びに行くので、私は自分の給食費を一生懸命計算して母に振り込んでもらってた。そのときは出稼ぎに行ってるって母は言ってたんですけど、あとで知ったら男の人と駆け落ちしてて青森にいたらしくて、私が生まれてすぐも駆け落ちして大学生とくっついて、私捨てられてるんですよね。私はおばあちゃんの家にいて、何回も何回も捨てられてて。でも変だと思ってなかったから、みんなこういうふうに大変なんだなと思ってたら、話していくうちに友だちが離れていくんですよね。「なんかドラマみたいだね」って笑ってるけど輪の中に入れてくれないんですよ、何も言ってくれなくて。たぶん話しかけても最後までいかないことが多いから、今も人間関係がうまくいってない。わからない。人の気持ちが全然わかんないです。どれがふつうなのかもわかんないし、何が正解なのかもいまだに全然わからないから、生きてることに常に不安です。

母は薬物依存で刑務所にも行ってます。子どものころに母と暮らしてた時期が少しあって、母の家に出入りしてたヤクザの人たちの会話を聞いてたら、クスリの取引の話とか、クスリをトイレでやったとか、そういう話をして、なんかすごい怖くなって、うちの近くで何が起きてるのみなたいな感じで、ドラマじゃないけどグワーッとなって警察に駆け込んだけど、警察って現行犯じゃないと動いてくれなくて、証拠がないと。しかも自分が子どもだし、言ってることもあんまり大して聞いてくれなかったんですけれども、母の名前を出していたおかげで捕まって。あとで初犯なのに名前がすぐ出て母もびっくりしたらしく、「あんたかい、チクったの」って言われました。私の妊娠中にも私が警察に電話して捕まったこともありました。

クスリは何回もやってたし、刑務所を出てからも捕まらないだけでやってたし、もうあきらめてたんですけど、次男が生まれてからすごい変わって、ＡＡ（アルコール依存症）とかＮＡ（薬物依存症）とか断酒会などいろんなミーティングに顔出して、それも朝から夜までずっと行く感じで、その間に次男を見てくれてて、すごい母だなってそのとき思ったんですけど、一昨年自殺してしまいました。しかもそれを私発見しちゃって。最後うつで死んじゃったんですよね。そのころ「自分がすごい悪いことをした」って言ってずっと泣いて謝っていて、私はどうしていいかわからないから笑ってごまかしてたら、その次の週に死んでしまって、いまだにもうどうしていいかわかんないっていうか、気持ちの整理がつかないままでいます。

話すことで救われた

母が変わるきっかけになったミーティングは、むぎのこのグルカンのようなもので。でもグルカンと違って誰かが誰かに話しかけることはなく、全員言いっぱなし、聞きっぱなし、何も言わず拍手だけ。そういう場を探しては毎日、何回も休まずに通って、自分に向き合い、人の話で引っかかる言葉に対してもすごく真剣に考えてました。私が母に育児や夫への不満を言うと、ミーティングに行こうと連れて行ってくれました。むぎのこに通ってからは保育をしてもらえるので、ミーティングにも毎週通うようになりました。

自分の気持ちを言うのってなかなか難しくて、本音が言えず、もやもやしたり、泣いちゃってその先が言えなかったり、過去を思い出してイライラして眠れなくなったりしました。ただ、涙を流して自分の中にあるゴミみたいな感情を言葉に乗せる気持ちよさも感じました。つらい、つらかった、許せない、寂しかった、いやだった、そういう気持ちをずっとなかったことにして、考えないようにしていた自分に気づきました。母はあえて私と一緒にミーティングに行って、母への恨みつらみを言っていい、むしろ言ってほしいと言いました。母を前にして、最初は涙ばかりで言えなかったけど、少しずつ言えるようになりました。そのうちにラインやメールでも言えるようになって、むぎのこでグルカンや個人カウンセリングを何度もしていくうちに、自分の気持ちを人に伝えることに慣れてきました。

そして、母と向き合っていくうちにすごく変化して、どんな人とも、むしろいろんな社会的ハンディのある弱い立場の人たちと交流して、いろんな考えを受け入れ、いろんな考えがあってもいい、ありのままの自分でいることが大切なんだ、ダメな部分、恥ずかしい部分も含め、そのまんまの自分でいいし、すごくいいって言ってくれて、長年生まれたことは間違いで、早く死にたいと思っていた気持ちが浄化されていく思いがしました。そのときから母は私の一番尊敬する、愛する人になりました。母は「むぎのこの親への支援は他にはない、すごくいいところに入れた。私も行きたい」と言っていました。

けれど、それから母は体調を崩し、そうすると気持ちも弱くなり、会うたびに「ごめんね、ひどいことずっとしてきた。子どもたちが苦しんだのはママのせいだよ。本当にごめんね」と泣きながら言っていました。みるみる痩せて、とうとう自殺未遂するように……。私はつらいとすぐ現実逃避する癖があって、「ママは死なない」と思っていて、妹から、「電話に出ないから様子を見てきて」と言われたときも、にやにやしているだけでした。窓ガラスを割って、ぶら下がっている母が見えるまで笑顔でいたし、警察や救急の人にいろいろ聞かれている間もドラマみたいだなと思っていました。遺体と対面しても泣けず、ただ一生懸命葬儀をしました。

母の死を乗り越えて

母の死を受け入れられず、ただ毎日過ごしていましたが、あるとき、母の死を無駄にしたくないと、ずっと母に言われていた夫と離婚することにしました。シングルマザーになる自信はなかったけど、むぎのこの先生に相談し、相談室の方にも協力してもらい、新居も見つかり行動していくと、私も意外とできるんだなと自信もつきました。

生活していくために、むぎのこで働く時間も増やしてもらって（むぎのこ保育園で子育て支援員の仕事）順調にいっているようでした。けれど、今までと違い働く時間が長くなり疲労とストレスで長男に当たるようになりました。私は、長男を小さいころから親代わり（たとえば、愚痴を聞いてもらう、相談する、家事を厳しく教え込む）にしていました。しかしペアレントトレーニングを何回か受けて、いろいろな勉強をさせてもらって、自分のやっていることが虐待かもしれないと気づきました。表の顔では笑っていても、内側ではもうやめたい、次男はむぎのこで助けてもらっても、長男は自分ではどうにもできず、加害者であり続けることが苦しくなりました。

ちょうどそのころ、どういうきっかけか、たぶん次男がまったくリズムをしないからだったのか、北川園長とお話する機会があって、内心そんな人と話なんかできないし、馬鹿にされるかもとか、すごく不安でした。でも会ってみると、園長自体が子どものように目がキラキラしてまったく悪意を感じなかったので、私の育ちをありのままに、話があちこち飛びながら話すと、園長に「よく生きていたわね」と言われ、自分の育ちをリアルな話で共感してもらえたんだと思い涙が出ました。それまでは、「つらかったね」「なんかドラマみたい」など、どこか現実感のない言葉は、あなたと私は違うんだと境界線を引かれ、私は仲間ではないと言われているようで、本当にいつも孤独でした。

そこから気持ちが変わってきました。私の育ちのせいで長男をいじめている、内と外の顔が違う、何かもう隠すことが恥ずかしいことではなくなってきました。長男のことも全部先生に話し、助けを求め、長男もカウンセリングすることになり、話を聞いてもらって風通しがよくなり暴力もなくなりました。私もすぐには変わらないので、今でも暴言や家事放棄もありますが、そんなときは子どもに指摘されます。私自体が言うことをきかない子どもなので、子どもに言い返すと、次男に「川村（むぎのこの担任）に電話だね」と言われます。それを聞くとうれしくなります。むぎのこで親子三人救われました。かかわってくれたすべての人に感謝しています。

六　自助グループでお母さん同士のつながりを大事にしていきたい（自死自助グループ）

むぎのこの自死自助グループのリーダーをしているTさんは、妊娠がわかったときに母親が自死で亡くなり、とてもつらい状況の中で出産、子育てをしてきました。個別カウンセリングで母親の自死について話してからも、トラウマワークや自助グループの参加には消極的でしたが、お母さん同士のつながりがとても大事だと気づき、今も重度の子どもの自助と自死家族の自助の活動を続けています。

妊娠と母の自死

十八歳と十六歳の娘と夫の四人家族です。上の子が二歳のときに重度の自閉症というのがわかり療育所としてむぎのこを紹介してもらい、下の子がもうすぐ生まれるというときにむぎのこに来ました。

むぎのこに来てから、パニックとか睡眠障害がひどくて夜中一時から四時くらいまですごい泣いたりとか、担任の先生から北川園長に伝えてもらって初めてカウンセリングをしてもらいました。そのカウンセリングのときに、生活が大変なことと初めて自分の母親が自死したというのを自分から話したというのが、自助グループにつながるきっかけだったかなと覚えています。

母が亡くなったのは、妊娠初期の妊娠したのがわかるかわからないかくらいのときで、母が死んだあとに妊娠がわかりました。なので余計、本当に妊娠を喜べないっていうか、子どもがほしかったんですけど、ほとんど同時だったので。

初めての子だったので、病院の母親学級にもお知らせが来たら必ず行って、そういうところでお話するようになるお母さんたちと一緒にお茶をしたりするんですけど、本当にうわべだけというか、本当のことはやっぱり言えない、一番つらいところを誰にも言えないので、人と会っても苦しいような、なんか自分が隠している部分があるなっていう、このままこうやって生きていくのかなっていう感じがしてました。喜んで出産に向けてがんばっているいいお母さんの姿でいなきゃいけないというか、結構無理してやってたなっていうのがありました。他のお母さんたちとしゃべっているときは笑ったりもしてたと思うんですけど。あんまり覚えてないですし、人に合わせてやるっていうのと、心から笑えないような感じでしたね。

長女が生まれたときは健康だったし、すごい丈夫で、小さいときはアレルギーとか何もなくて肌もきれいでしたが、抱っこがフィットしないんですよね。他のお子さんを抱っこさせてもらったらペタっと抱っこできるのに、うちの子はなんで反って抱きづらいんだろうと。むぎのこに来た他のお母さんたちもよく言ってますけど。抱きづらいからなんかかわいがりづらいというか、なかなかかわいいって思えなかったですね。昔の写真を見たらすごいかわいい顔してるんですけど。

今から思えば、ずっとうつ状態で子どもとうまくかかわれなかったのだと思いますが、そのときは、なんでうちの子は他の子と違って夜すごい起きてて、こんな育てにくい子なんだろうって思ってました。大変ながらもいろいろ一生懸命やってるしみたいな気持ちは常にあったんじゃないかなと、誰にも文句は言われないくらいにがんばってるのにみたいな気持ちだったんじゃないかな。

かわいいと思えない

むぎのこに来たのは長女が二歳半ころですね。一歳前から他の子と違うので保健センターの保健師さんに相談したら、「様子見ましょう」とかやっぱり言われて、ことばの教室みたいなところとか、さっぽ・こども広場というところに誘ってもらって行くんですけれども、あきらかに他の子よりも重度で、一歳後半くらいに児相に行って、あいの里のデイサービスを紹介してもらって半年くらい通いました。送迎もあったんですけど、ふたりめも妊娠したし、デイサービスは月十四回だったか、それでも全然足りないし、きょうだいの保育もあるからとむぎのこを紹介してもらって、下の子もむぎのこにゼロ歳から通ってます。

むぎのこに来てからも、やっぱり睡眠障害とかパニックがひどくてとても大変なので、平日にショートステイの連泊をさせてもらって、週末に長女が帰ってくるんですけど、週末に帰ってきて、娘の顔を見たら吐き気がしてトイレで吐いてしまうようになりました。それまでそんなことなかったんですが、「なんてひどいんだろう」と自分でも思って、古家先生に「娘の顔を見たらトイレで吐いてしまって」って懺悔するように言ったんです。そしたら、「そうだよね」って言ってくれて。そんなこと言ってもらえると思いもしませんでした。

そのころもまだずっとうつ状態が続いていたと思います。でも、毎日必死でやっていて、そのときはそんなふうに自分では思ってないですし、人からうつ状態とか言われたらずっと気にしてその人を恨むぐらいな感じでした。

いつも地味な、紺色とか黒っぽい色の服しか着ないっていうことで、古家先生から、「私から見たら安く見える服、やはりお医者様の奥さんなんだからもっと服装にお金をかけてもいいんじゃないの」ってよく言われました。さらに私のためだけというわけではないんですけど、プリティマザーの会というグループをつくって、すごいおしゃれな服やドレスとかを着てホテルで昼食するみたいなことをやってくれたりしました。何人かの地味なお母さんたちが派手な格好をしてご飯を食べるんですけどいやいや参加してました。本当にいやいやでしたね、そのときは何もかも。そのときは意図がわかってなくて、やらされる感が強くて、リプロセスワークなんかも、そういうふうにやっつけてたっていうか。

年中のときに水運びといって、水を水道の蛇口から運んで砂場に川をつくることを一緒にやるんですが、長女は見通しをもってやれないから、まっすぐお母さんに向かっていくように、「お母さん、大きい声で呼んで」って先生が言うんだけど大きい声が出せなくて、私が泣いてましたね。長女が向き合わないで目をそらすから、「○○ちゃんの目を見て呼んで」って言われても、やれなかったですね。ほめるようにも言われるんですね。「かわいい」とかいくつか教えてもらっているんですけど、「言いたくないです」「はい、×点（ばってん）」みたいな。覚えてないんですけど、なんかみんなの前で仕返ししてたのかなって、長女に対して。こんなに大変だったのに「かわいい」って言われてと、やきもちみたいな気持ちがあったのかなあ。「全然かわいくないのに」「私の前ではかわいくないのに人前ではかわいくて」って。

むぎのこに通いはじめて一年くらいたったころ、最初そこまで夜パニックとかなかったんですけど、やっぱり下の子が生まれてから、それなりに赤ちゃん返りみたいなのがあったんですよね。授乳してたらここに（下の子を抱いているお母さんの腕に）突っ込んできたりとか、そういうことがありました。

そんなときに園長のカウンセリングを受けました。長女のパニックだとか寝ないとか、「大変ね」みたいな感じでお話を聞いてくれる感じで、どこか自分でもずっと話す場がほしかったので、「聞いてくれる」っていう感じがすごくあって、最初のカウンセリングで母の自死についても話せました。「実は私こういうことがあったんです」っていうふうに自分から。

リプロセスワークと自助グループ

そのあと、リプロセスワークとかグループカウンセリングとか、自助グループも自死の家族の自助グループもありましたし、西尾和美先生のサンフランシスコのリプロセスワークにも参加させてもらって、海外でまさかそんなワークを受けさせてもらえるとは思ってなくて。ただそのときは、そこまでしなきゃいけないんだみたいな、何もかもマイナス思考でした。

でもすごいいい経験というか、海外まで行くと、せっかく来たんだから必死で向き合って癒さないとみたいな気持ちになって、振り返りのワークでも死んだ母親と対面するときのことを思い出したりして、人に話してしまったら変に思われるっていうか、母親が自殺するような生い立ちがすごく変に思われて生きづらいんじゃないかと思ってたんですけど、人の前で、安全な場所っていうのはもちろんありますけど、安心できる人たちと共有できてほっとしました。

自助グループでは、自分が変な家庭というか、すごく世間体を大事にする家だったなというのも話して思い返したり、おじいちゃんがよそではすごい信頼されているんですけど家ではすごい厳しかったりとか、子どもらしくしていると怒られたりとか、そういう家だったなと、自死の家族をもつお母さんたちと話してて気づきました。

最近古家先生とお話して思い返したんですけど、むぎのこに来てすごいうつ状態のときは大きな声でしゃべるのがすごくいやで、急ぎで人に話しかけるのに、追っかけていって話しかけて大声を出さないですむようにしていました。今はざわざわしている中でも叫んだりするのは苦ではないんですけれども、そのときはなんでいやだったのかなって考えてみたら、やっぱり育ちだったりとか、大きい声を出したり、はしゃいでたりすると怒られたりしたこともあったし、「そういうの恥ずかしいからやめなさい」と言われてきたのもあったので、それに加えて自死の家族だっていうのが負い目みたいなものとして自分がもっていて、目立たないように生きていきたいというのがあらわれていたのかなと思います。

むぎのこに来て似た境遇とか、大変なことがあったお母さんたちと話して、「こういう自分でもいいんだな」っていうように思えるようになったのも、大きい声で人を呼ぶっていう、みんなはそんなに苦ではないのかなと思うんですけど、そういうところにもあらわれていたのかなとか、自助グループに出ることでいろいろ、「自分ってこういうところがあるな」ということにたくさん気づかされました。

家族関係の中でも夫に上手に頼めない。最近でも気づいてやってくれないかなっていうのがありますけど、気持ちよく人に頼めないっていうか、こういうふうにしてほしいって言うのが苦手で、それが自分の祖父母とか特にそうだったなと思います。子どものときに祖父母がけんかしてるのを結構見たりして、「ああはなりたくないな」と思っていたんだけど、やっぱり上手に頼むっていうのを小さいときに身近な人から見てなかったんだなと気づきました。

むぎのこに来てＣＳＰを研修で教えてもらったりして、本当に新鮮な気持ちで研修を受けました。子どもへのかかわり方を教えてもらって、本当に勉強になるなって思います。

自助グループって、最初は病気の人たちの集まりっていうか偏見をもってたからか、すごく抵抗あったんですよね。リプロセスワークとかも、そこまでしないといけない自分がいやだなと最初は思ってたんです。でも今、重度の親の自助グループと自死の家族をもつグループふたつをみんなの日程とかを聞いてやっているんですけど、お母さんたちのつながりがあって、「大事だよ」ってずっと教え続けてもらったので、あんなにいやがっていたんですけど、今は前に比べてやる気があるなって自分でも思います。「出たくない」って言っているお母さんに、「自分も昔のことがあるので、すごいその気持ちもわかるけど、出たほうがいいよ」って、自分がこうなるとは思わなかったようなことがあったので、「そういうの大事だよ」って言い続けてもらったこともよかったと思っています。子ども虐待防止学会に参加させてもらって、「孤立しないのが大事だよ」っていうのを聞いて、本当にそうだと思いました。

むぎのこは昔からお母さん同士のつながりを大事にして孤立しないように支援してくれてて、「すごいなあ」って思っていて、私も自助グループを大事にしていきたいなって最近は思っています。

第三章　むぎのこ式親・子育て支援

一　子どもを救うためには、家族を救わなければならない

前章で紹介した六人のお母さんたちの語りは、親・子育て支援についてたくさんのことを教えてくれています。子育てが大変なのは、子どもの障害だけのせいではなく、夫や家族との関係やお母さん自身が抱えるうつや不安、過去の傷つき、対人不信や孤立など、たくさんのことが重なり合っていることがわかります。お母さんの困り感は一人ひとりで異なりますが、どんなに困っていても、簡単には助けを求めることができず、ひとりで抱え込んでしまいがちで、それはお母さんをさらに追い込んでしまうだけでなく、子どもにもとてもつらい経験を強いることになってしまいます。そんなお母さんたちがどうやって支援につながり、どんな助けで救われたのか――当事者の目線から親・子育て支援に何が求められるかを伝えてくれています。

むぎのこは児童発達支援センターを中心とした、発達に心配のある子どもたちの療育や支援をしていますが、親への支援は子どもの支援に付属するサービスではなく、親をしっかりと支援していくこともとても重要だと考えています。それは無認可の通園施設としてはじまった当初からのむぎのこの伝統であり、お母さんたちと一緒に学びながらつくりあげてきた草創期から、親と家庭の困りごとに向き合ってきたむぎのこでは特別なことではありません。フロンティアと呼ばれる無認可時代に共にむぎのこをつくりあげてきたお母さんたちの苦労が、今のお母さんたちに寄り添う支援の原点になっています。

つまり、もともとむぎのこの親支援はお母さんたちの目線で築きあげられてきたといえます。今では幼児から成人まで、幅広い支援メニューができてきましたが、その多くはお母さんたちの困り感から生まれたものであり、まさに当事者目線での親支援といえます。

子どもを救うためには、家族を救わなければならない――子どもがよりよい環境で幸せに育つためには、家族をしっかりと支えることが大切なことは言うまでもありません。しかし、実際に家族を救うことは簡単なことではありません。六人のお母さんたちが語っているように、自らの問題を隠したり、否認したり、どんなに苦しんでいても助けを求めるのに何年もかかってしまうこともあります。ですから、どんな支援ができるかというだけでなく、必要な支援をどのように届けるかという視点がとても大切になります。

そのためには、子どもの発達アセスメントだけでなく、親と家庭をしっかりと理解することが必要になります。実際に、子どものいわゆる問題行動は、親の不安や家庭内のストレスが影響していることは少なくありません。子どもをしっかりと支援していくためにも親と家庭の理解は欠かせないのです。そして、保護者としての困り感だけでなく、ひとりの女性（あるいは男性）としての困り感が語られることで、本当の親支援がはじまります。六人のお母さんたちのような、一人称の語りが親支援ではとても大切です。

二　子育て家庭のニーズ

六人のお母さんたちが語ってくれた困り感やつらい体験は、けっして特別なことではなく、まれな体験でもありません。さらに言えば、障害のある子どもを育てる母親ならではの苦労だとか、乳幼児の子育ての悩みというような、母親としての困り感というだけではなく、たとえ子どもがいなかったとしても、やはりとても生きづらさを感じるような問題も含まれています。むぎのこで支援ができたお母さんたちは、たまたま子どもの療育をきっかけに自らの問題に気づき、支援につながったというだけで、それは必ずしも障害のある子どもの子育てに特有の支援ニーズだったというわけでもありません。

今日では、核家族化に加えてひとり親家庭での子育てが多くなることで、本当にひとりだけで二十四時間三六五日休みなしに子どもを育てなければならないことが多くなりました。さらには、個人のプライバシーを尊重する風潮の中で、子育ては家族のプライバシーになり、お隣さんにも何が困っているのかわからないのがふつうになり、その結果、周囲に助けを求めることもできず、ひとりでがんばらなければならない閉塞感が広がっています。

そんな時代に子どもを育てる親の困り感や苦悩は、外からはなかなか気づかれません。だから子育てで苦労しているお母さんたちも、よそのお母さんたちはみんなうまくやっているのに自分だけダメだと劣等感に苛《さいな》まれ、悲観的になって、さらに苦しんだりします。でも、子育てにまつわる困り感やトラブルはとても多く、むぎのこを利用しているお母さんたちの問題を挙げれば社会のあらゆるカテゴリーの困りごとや悩みごとが出てきます（表3）。それでもこれらの問題は人には知られないように隠され、身近な人にさえ知られていないことがよくあります。

現在、大きな社会問題になっている児童虐待も、けっして特別な親だけの問題ではなく、子育て家庭にはとても身近な問題です。どの家庭でも、どの親にとっても、結果的に児童虐待につながりかねないリスクを抱えています。ＤＶに苦しんだ松本さんの「本当に死ななくてよかった。子どものことも殺さなくてよかった」や、石田さんの「むぎのこに来なかったら冗談

表3　子育てにまつわる困り感やトラブル

カテゴリー	例
1. 家族崩壊の危機	DV、夫婦不和、離婚、別居
2. 孤立	ひとり親、母子ひきこもり、実家との対立
3. 生活苦	経済的困窮、失業、生活保護、住居の退去など
4. 夜の仕事	水商売、風俗
5. 親の依存症	アルコール、薬物、ギャンブル、買い物
6. 親の精神障害	統合失調症、気分障害、強迫症、不安症、摂食障害など
7. 親の発達障害	知的障害、自閉スペクトラム症、ADHD
8. 児童虐待	加害親、親の被虐待体験、児相の介入
9. 地域問題	近隣トラブル、ゴミ屋敷、差別・排除
10. 司法警察問題	違法・犯罪行為、逮捕、反社会勢力との付き合い、服役
11. 子育ての破綻	育児放棄、親の失踪、自殺（既遂・未遂）
12. 病気・介護	親の身体疾患・障害、介護、ヤングケアラー

じゃなくてニュースになってたと思います」という語りは、けっして大袈裟な表現ではなく、どの親にも無縁なことではありません。

問題は、家庭内の困りごとは外からは見えないということです。だから、自ら困っていることを打ち明けて助けを求めないかぎり、何も困りごとがないということではなく、ましてや「何も心配はありません」ということほど心配なことはないというのが本当のところです。今の社会生活では、困りごとを外には見せないのがふつうで、そんなことを他人に話すのは「恥さらし」以外の何物でもないという風潮があります。どんなに困っていても、それを表に出すのはプライドが許しません。それどころか、冨森さんのように人に苦労しているように見られたくないと、あえて着飾ったりしてごまかそうとすることさえあります。

とはいえ、無理矢理家庭の中に踏み込んで介入するわけにはいきません。それは余計なお世話とか迷惑というだけでなく、プライバシーを保護する現代社会では犯罪行為になる可能性さえあります。そうなると、自ら助けを求めてくるまで何の支援もできないということになってしまいます。それは悲惨な虐待死事件に共通する教訓ですが、ブラックボックス化した家庭の支援ニーズに応えるのは、一筋縄でできることではない現実があります。

お母さんたちの語りにもあるように、まさに虐待死事件と紙一重の状況はふつうにあります。そして、それほどまでに追い込まれていても助けを求めることができず、何年も苦しんでいることもまれではありません。まずは、あらゆる機会でお母さんたちの困り感に気づくことが支援の出発点になります。むぎのこの親支援も、日常の保育活動でのかかわりに加えて、グループカウンセリングなどの心理支援をルーティンに組み込むことで、親の困り感に気づくチャンスを増やし、そこから支援につなぐように工夫されています。

本人からのＳＯＳも大切ですが、それ以前に微妙なサインに気づく仕組みが、今日の子育て事情の中での親支援には欠かせません。

三　支援の障壁

むぎのこは親や家族の多様なニーズに応じて、一つひとつ支援メニューを増やしてきた歴史があります。その多くは支援をはじめた時点では制度化されておらず、職員とフロンティアのお母さんたちが手作りではじめたものでした。たとえば、田中さんたちがむぎのこの裏にあった空き家を借りてはじめたフリースクールや、Tさんがうつ状態の中で娘さんを預かってもらったショートステイ、中野さんを虐待から守ってくれた緊急電話など、お母さんたちの子育てに役立つ支援が広がってきました。

しかし、支援メニューを揃えただけでは、必ずしも助けにはなりません。家庭の事情やお母さん自身が抱える「心の闇」は、なかなか外からは見えないために支援につながらないことに加えて、たとえ支援ニーズがあることがわかったとしても、すぐには支援を受けられない「支援の障壁」があることにも注意しなければなりません。本人が「大丈夫です」と言えば支援が必要ないということではなく、どうすれば支援できるかと戦略を練り直すことも大切です。

六人のお母さんたちの語りからも、無意識的な支援の障壁があることが窺われます。そもそもわが子の障害を受け止めてむぎのこにつながるだけでも、さまざまな葛藤に苦しみ、むぎのここにたどり着くことすら簡単なことではなかったのに加えて、子どもの支援を受け入れたとしても、母親として自分が支援を受けるまでには、さらに高いハードルが待ち構えていて、どんなに困り感が大きくても、自分が支援の対象になることをすんなりとは受け入れることはできないのがふつうです。

まず支援への抵抗があります。たとえば家の片付けができずゴミ屋敷状態になっていた田中さんの場合、見るに見かねた職員や仲間のお母さんたちが片付けようとしても、「自分でできるから」と抵抗し、素直に支援を受け入れることができませんでした。

他にも、DVに苦しんでいた松本さんのように、「私にしか暴力してこないから」と問題を過小評価したり、自分が好きで結婚したからと自己責任に帰することで、支援ニーズを否認したり、宗教の影響が続いていた冨森さんのように、コントロールが強くて他者の言うことを聞き入れられないために、支援を拒否したりすることもあります。

また、石田さんのように子どものときの虐待的な養育の中で対人不信が強いために、そもそも他者に助けを求める選択肢すらなく孤立したり、DVなどのトラウマ体験のために、無力化して助けを求める力さえ奪われて、何も期待できずにあきらめていることもあります。

子どもにはっきりとした障害があったわけではなかったものの、子育ての苦労からむぎのこにつながった中野さんの場合は、グループカウンセリングに積極的に参加してはいましたが、自らの生い立ちや心の内を洞察することに抵抗したり、母親の自死からうつ状態で苦しんできたTさんもトラウマワークを勧められたときには、「そこまでしなきゃいけないんだ」とマイナス思考になったように、支援を受けるのにもとても複雑な思いがあることも無視できません。

このような支援の障壁をしっかりと理解しないままでは、たとえ必要な支援をしたとしても形式的あるいは部分的な支援になって、お母さんたちの本当のニーズには届かない可能性があります。ただでさえ助けを求めることが難しいお母さんたちが、せっかく支援の場にたどり着いたのに、その複雑な心の内を受け止めないまま、支援者ペースで支援を進めていけば、なかなか良い結果が出ないばかりか、結果が出ないことでさらに自己肯定感が低下して、子育てができなくなる危険すらあります。

ですので、どんな支援をするかという以前に、まずはしっかりと受け止めて、この場にいることを認め合うことがとても大切です。お母さんたちの語りの中でも、もうずいぶん前のことなのに、北川園長や古家先生にかけてもらった言葉がはっきりと出てきます。「今までよくやってきたね、大変だったね」「お母さんは今のままでいい」「よく生きていたわね」――そんな受け止めから、支援は動いていったことが読み取れます。

必要な支援が必要な人に届くためには、支援の障壁をできるかぎり低くする必要があります。むぎのこの日常の療育活動に組み込まれたグループカウンセリングなどの心理支援は、「自分だけ」とか「みんなと違う」という抵抗感を下げて、自分の困りごとを話しやすい場をつくっていて、さらに「あなただけじゃないよ」「みんなそうだよ」と共感されることで支援を受けやすい雰囲気を生んでいます。そんなお母さん同士の困り感の共有は自助グループに発展し、かつて支援を受けたお母さんが職員になって支援をしてくれることで、安心して話せる場、そして支援を受け入れやすい場になっています。

四　親の「困り感」に寄り添う支援

昨今の子ども・子育て支援では、とりわけ専門的な支援では、具体的な問題を明確にして（診断・アセスメント）、それに対して合理的な支援をおこなうという、問題指向型（problem-oriented）の支援が主流になってきました。適切かつ効果的な支援をおこなうことは、支援を受ける側にも大きなメリットになりますが、それだけでは必ずしも最善の結果になるとはかぎらないという現実もあります。六人のお母さんたちの語りでもわかるように、子育て家庭の困り感はとても多様で複雑な背景があり、いくつかのタイプや診断に落とし込めるようなものではなく、また主訴として表面化した問題だけに対応すれば解決するような単純なものでもありません。

たとえば、うつ状態で赤ちゃんとうまくかかわれなかったTさんは、今日ではマタニティブルーとか産後うつ病として専門的な治療につながるかもしれませんが、典型的な産後のメンタルヘルス問題と理解されることで、本人が語らない母親の自死に気づかれることなく、専門家は「症状」ばかりに目を向けて、本人の気持ちが置き去りにされてしまったかもしれません。診断が誤りではなかったとしても、診断によって逆に見えにくくなってしまう問題があることにも注意しなければなりません。

問題指向型の支援では、たとえば自閉症とか知的障害のような障害（診断）や、児童虐待とかDVのような問題に注目することで、支援される人たちを事例化することになります。つまり、こだわりやパニックで大変になっている子どもは「自閉症の子ども」という事例になり、母親がイライラして子どもに手を上げるのは「児童虐待事件」という事例になり、外から見える問題に関心が向けられて、ひとりの人としては見られなくなりがちです。子どもがパニックになるのは自閉症のせいであり、母親が子どもを叩けば母親には虐待者というレッテルが貼られることになり、問題に対しての治療や介入がおこなわれます。

問題指向型の支援が悪いわけではありませんが、親・子育て支援では本当のニーズに届きにくい可能性に注意が必要です。たとえば、自閉症の子どもの親であれば、療育によって子どもの不適応行動が減れば親の負担は減るという期待の下で、まずは子どもの療育に焦点が当てられて親の困り感は後回しになりがちです。また、児童虐待の事例になれば、親は虐待者（加害者）であり、「正しい」子育てのスキルや知識の指導を受ける立場になり、やはり親の支援どころではなくなってしまいます。

むぎのこは障害児の通所療育施設なので、子どもの障害に対して問題指向型の支援もおこなわれていますが、愛着理論を療育の基軸にして、子どもの症状だけでなく親子関係をとても大切にしてきたので、お母さんも支援の対象にしやすい状況がありました。お母さんが子どもをしっかりと抱っこする、一緒にリズム運動をしたり、絵本を読み聞かせたり、母子関係をしっかりと支えることで、子どもの発達を促しています。

むぎのこの療育では、お母さんはパートナーであると同時に、支援の対象として気にかける存在です。子どもを抱っこできない中野さんに、古家先生が「やさしくするのは今は一回あきらめてほしい。今はむぎのこでかわいがるから、お母さんは今のままでいい」と語ったところにも、親としての役割や責任よりも、親の支援ニーズへの自然な理解があらわれているように思います。

障害児の親という立場や属性から離れてひとりの人として見ることで、はじめて親の困り感に気づくチャンスが生まれ、そこから親のニーズに沿った支援ができるようになります。それは問題指向に対して人指向（person-oriented）の支援といえます。グループカウンセリングでの主訴や（第一章、図2）、子育てにまつわる多様な困りごとやトラブル（表3）に対して、たくさんの支援ニーズがあります。子どもを支援していくうえでも、この親の支援ニーズへの対応はとても大切ですが、そんな支援をおこなっていくためには、まずは一人ひとりの親を「事例」ではなく「人」として見ていく場と関係性が必要です。

支援の方法論でも、問題指向型と人指向型では大きく変わってきます。問題指向型の親支援では、どうしても親のできていないところに目が向き、それを改善することが目標になります。子どもを虐待してしまうのは、子育ての知識と経験不足のためだとすれば、正しい子育ての知識とスキルを習得することが支援の中心になります。それでとても助かる親もたしかにいますが、努力や結果を求められるという点では、支援というより、親としての役割や責任がのしかかって負担が大きくなることで、助けになっていないように思うこともあります。

それに対して、ニーズに注目した人指向型では、今の困り感や苦痛を和らげたり負担を軽くすることで、親への直接的な支援が優先されます。子育てへの疲弊や身体的・精神的な不調に対して、子育ての負担を軽減するためにショートステイを使ったり、ヘルパーに援助してもらうことは、できないことを補うことで、しんどいときを乗り切る助けになります。まずは困っていることに手を差し伸べて、安全・安心感を確保していくことが、根源的な問題への支援のとても基盤になります。何をすべきかという前に、「お母さんはそのままでいい」は親支援のとても大切な支援のスタートラインです。

とかく子どもの支援の陰で過小評価されがちな親の支援ニーズにもしっかりと目を向けて、親の役割や責任で努力を求めるだけではなく、人として困り感を受け止めて支援をするような仕組みがとても大切です。むぎのこの場合は、質の高い療育がもたらす信頼関係が支援を提供する土台になっています。田中さんが隠しごとがどんどん暴かれていやになり、「むぎのこなんかもうやめてやる」と思ったのに逃げ出さなかったのは、息子からむぎのこの療育を奪ってはいけないという思いからでした。息子が人質になったようにも見えますが、田中さんを支援に引き留めたのは、むぎのこの療育への信頼以外の何物でもなかったのです。子どもの療育と同じように、親支援でもしっかりとした関係性が不可欠であることには変わりはありません。

五　自然な支援と支援の連鎖

お母さんたちと一緒に必要に応じてつくりあげてきた支援も、その多くは今では制度化され、児童福祉法や障害者総合福祉法などに基づく正式な福祉サービスとして利用できるようになってきました。古い空き家を借りてはじめたフリースクールは、放課後等デイサービス事業所となり、学齢期の子どもたちの重要な支援資源になっています。制度化された支援サービスは、困り感を抱えたお母さんたちにはとても力強い支援になり、一人ひとりのニーズに応じて支援サービスをコーディネートすることで、子育てを助けていくことが期待されます。

しかし、制度化された支援サービスだけで、すべてのニーズに応えることができるわけではなく、公的な支援を組み合わせるだけで、支援が完成するものでもありません。六人のお母さんたちの語りが教えてくれているように、子育てにかかわる困り感や支援ニーズはとても多様であり、使えるサービスだけでうまく支援できるとはかぎりません。つまり、既製服のような標準的支援セットをあてがうのではなく、一人ひとりに合わせた、いわばオーダーメードの支援が必要なのです。

今、お母さんができないことを支援者が補うという、むぎのこの人指向型支援では、典型的な支援サービスだけでは対応できないような、いわば「隙間のニーズ」にも支援を広げています。たとえば、ゴミ屋敷のお掃除隊や隣人の見守りなどはボランティア活動のような支援で、制度化されたサービスに対して「非公式なサービス」であり、さらには誰かに指示されて助けているのではなく、まわりの先輩や仲間のお母さんたちが自発的に動いてくれる自然な支援（natural support）がとても重要な役割を果たしています。このような自然な支援が生まれることで、親支援の幅は格段に広がり、本当に困っていることの助けになる可能性が高くなります。

この自然な支援が、まさにとても自然に、当たり前のようにあるのがむぎのこの大きな特徴といえます。公式な支援サービスでは、専門家や職員が支援者になりますが、むぎのこでは先輩お母さんや同じクラスのお母さんたちが、困っているお母さんのために、みんなで協力する文化がしっかりと根づいています。ひとりだけで子育てをしているのではなく、みんなで協力して助け合って育てる文化が、制度的な支援の隙間を埋めて、一人ひとりのお母さんの困り感に寄り添った支援を可能にしています。みんながお互いに支援されたり支援したり——そこにもむぎのこの「共に生きる」という理念が生きています。

「共に生きる」むぎのこの子育て支援は、草創期のフロンティアお母さんたちから脈々と受け継がれて、そこには良い意味での世代間連鎖が続いています（児童福祉の世界では、世代間連鎖といえば、虐待を受けた子どもが親になって子どもを虐待するという意味で使われることが一般的なので、ここでは逆説的な世代間連鎖ということになります）。つまり、自分がしてもらって助かったから、今度は自分がしてあげるという支援の連鎖が、先輩お母さんから後輩につながり、さらには支援を受けてきたお母さんたちがむぎのこの職員になることで、支援する人の輪が広がり、さらに支援の厚みが増す相乗効果が生まれています。このような流れの中で、同じ問題を抱えたお母さんたちが助け合う自助グループが発展したのもきわめて自然なことといえます。

初めは疑心暗鬼で、他人に自分の弱みを見せず、何も困ってないようにふつうを装っていたお母さんが、子どもの通園を続けるうちに、むぎのこの支援的な雰囲気の中でグループカウンセリングやお母さんたちとのかかわりを通して、やがて鎧を脱いで自分の困り感を出したとき、それはけっしてスルーされたり、どこかに振られたりするのではなく、みんなでわがことのように受け止めて手を差し伸べる、そしてときにはお節介と思われるほど、ニーズがあるかぎり支援する、それがふつうで特別なことではない——そんな日常生活に溶け込んだ親支援がむぎのこ式親・子育て支援です。

COLUMN

七変化するむぎのこの心理職

中本テリー
（臨床心理学博士・臨床心理士・公認心理師）

私が初めてむぎのこを訪問したとき、突然、お母さんたちのグループを担当することになった。おそらく一回かぎりのグループ、何が起きるのだろうというドキドキの中、あるお母さんが大きな目でまっすぐ私を見つめ、「北川園長（理事長）は絶対に否定しない。だから自分は助けられた」と力強く訴えてこられた。別の機会、ある職員が「北川園長は誰も見捨てない。だからぼくは今ここにいることができている」とこちらも声高に訴えられた。このふたつのすてきなメッセージを受けて、外部からの心理サポートという役割を続けてそろそろ二年になろうとしている。

もうずいぶん前になるが、私はアメリカの大学院で強烈な発言をする教授の下で学んだ。「ソーシャルワーク的なかかわりができない心理職はいらない」「自分自身の問題に向き合わないまま心理面接をするということはクライアントを汚染していること」などがその教授の言葉の例である。学生のころは概念でしか理解できなかったが、臨床をはじめてからはうなずくばかり。

そんな私は、「日本の心理職の世界を変えよう」という子どもっぽい夢をもって永久帰国した。その夢というのが曖昧だけど、「福祉施設で心理職ができることってさまざまにあるよね」というもの。たとえば、アメリカでは心理の専門家が多くの福祉施設で施設長を務めている。まさにソーシャルワークが求められる場。心理の専門家が施設長であることの利点は施設利用者へのケア面だけでなく、職員が抱える利用者家族に対する悩み、職員同士の関係性の難しさ、また個人の悩みなどに対して心理の視点から接することができること。スタッフからの報告をしっかり受け止められることはもちろんだが、それを超えて施設長自身の心理アンテナがさまざまなことをキャッチして、そこに柔らかく視線を向けてくれる。心理の施設長の館には魔法のハッピーパウダーがかけられているような印象がある。

むぎのことかかわり、北川理事長がそんなアメリカの施設長の役割を果たしていることにうれしくなった。と同時に、日本だけ、いや北海道だけしか知らない心理職たちに「世界を見て」と言って伝わるのだろうかと悩む。おそらく、「子育ての村」のような環境の中で心理職として働く者にとっての悩みは、多重関係・枠組み・守秘義務だろう。多重関係であるがゆえに守秘義務が守られないし、枠組みもつくりにくい。アメリカの大学院時代の講義の中である問いかけがあった。「小さな港町のたったひとりのカウンセラーであるあなたは、昨日ある漁師の妻にカウンセリングをした。翌朝、彼女の夫である漁師が新鮮な魚を、お礼だと満面の笑みで持ってきた。あなたは受け取りますか、受け取りませんか」というもの。多重関係をもたないことを徹底的に指導されてきた我々クラスメートの中で、私だけが「受け取る」と答えた。当然、みんながありえないというような顔で私を注目した。それは多重関係であり枠組みから外れることだから。でも、新鮮な魚を突き返したら、クライアントは拒絶感を味わい、夫は混乱、そして魚は悪くなってしまう。受け取れば守秘義務は存在しえなく、「先生、魚もらってくれたよ」と仲間に話すだろう。本当の守秘義務が身についていないカウンセラーはそんな枠組みを外れたと見られる評判が怖いから受け取れないこともある。

では、本当の守秘義務とはなんだろう。むぎのこの場合、望ましいかたちで情報共有が徹底されている。その中で、異業種間の情報共有に心理職がどのようにあらがうか、それが心理職の力量だと私は思う。自信のなさや経験不足、また脳の特徴などがあって、時に守秘義務と共有の境目がつかないこともあるのではないだろうか。私は病院に勤務しており、がん患者さんの相談を受けるが、医師への苦情も多い。その内容は医療スタッフと共有しないが、「患者さんは今、不安が募って不満が増している状態なので厳しめの言葉がスタッフに向けられるかもしれない」ということを伝える。つまり患者の医師への愚痴は、私との秘密として包まれる。要は、クライアントが何を語ったかは秘密として守られ、心理職が感じたクライアントの強みや努力課題を他者と共有するというのが守秘義務。聞きたがり屋さんは「こんなこと言っていたでしょう」と問うてくるのでそこには引っかからないように。

むぎのこの心理チームには入社一年から三年という若者たちがいる。福祉施設の中での心理職のあり方の難しさをたっぷり経験中の彼女たちに、「大学院で学んだことはいったん忘れて」と言ったことがある。多重関係がそこかしこにある環境の中で境界線を引くことの難しさ、守秘義務を保つことの難しさ、さまざまな葛藤を経験している姿を見て、大学院で学んだことがしっかり身についているから今悩んでいるのね、と成長の可能性を感じうれしくなる。

むぎのこでは、先輩お母さんたちが現在のグループカウンセリングに大きな力となっている。自身がむぎのこと一緒に子育てを経験したからこそ、ちょっとお節介が出るところもあるけれど、そこがむぎのこグループの味。体験者から心理支援者になるというのは奮い立つほどの勇気と自己成長への努力が求められ、精神的な葛藤がある。感情移入しすぎちゃった、ちゃんと聴いてあげられなかった、と反省しながら、また若者心理メンバーからの刺激を受けたりしながら、行ったり来たりのドラマティックなグループを体験中のようだが、彼女たちの洞察にはすばらしいものがあり、これからの進化（深化）が楽しみで目が離せない。

「けっして否定しない」「誰も見捨てない」というのは当たり前のことだが、現場にいるとなかなか全うできない。それを実践している北川理事長が、今までどれだけのことを努力され、築かれてこられたかというのが伝わってくる。福祉施設の中の〈心理さん〉ではなく心理職が七変化しながら活躍できるむぎのこ環境にワクワクが止まらない。

第二部

むぎのこ村で育つ子どもたち

第四章　むぎのこの育ちの支援と社会的養育

一　子どもたちの育ちの支援

一九八三年の無認可でのスタート以来、むぎのこは一貫して乳幼児期の発達支援とともに親と家族の支援に取り組んできましたが、むぎのこに通園する子どもたちの成長とともに、子どもたちへの支援は児童期、思春期、さらには成人期まで広がり、ライフコースに沿った支援システムに発展してきました。むぎのこの子どもたちへの支援サービスを発達段階ごとに整理すると図4のようになります。

乳幼児期では、児童発達支援センターと児童発達支援事業所での通所による発達支援を軸に、日中一時支援や短期入所（ショートステイ）も併用して親への支援もおこなわれます。未就学児の発達支援はむぎのこのもっとも基本的な支援事業で、むぎのこ児童発達支援センター（定

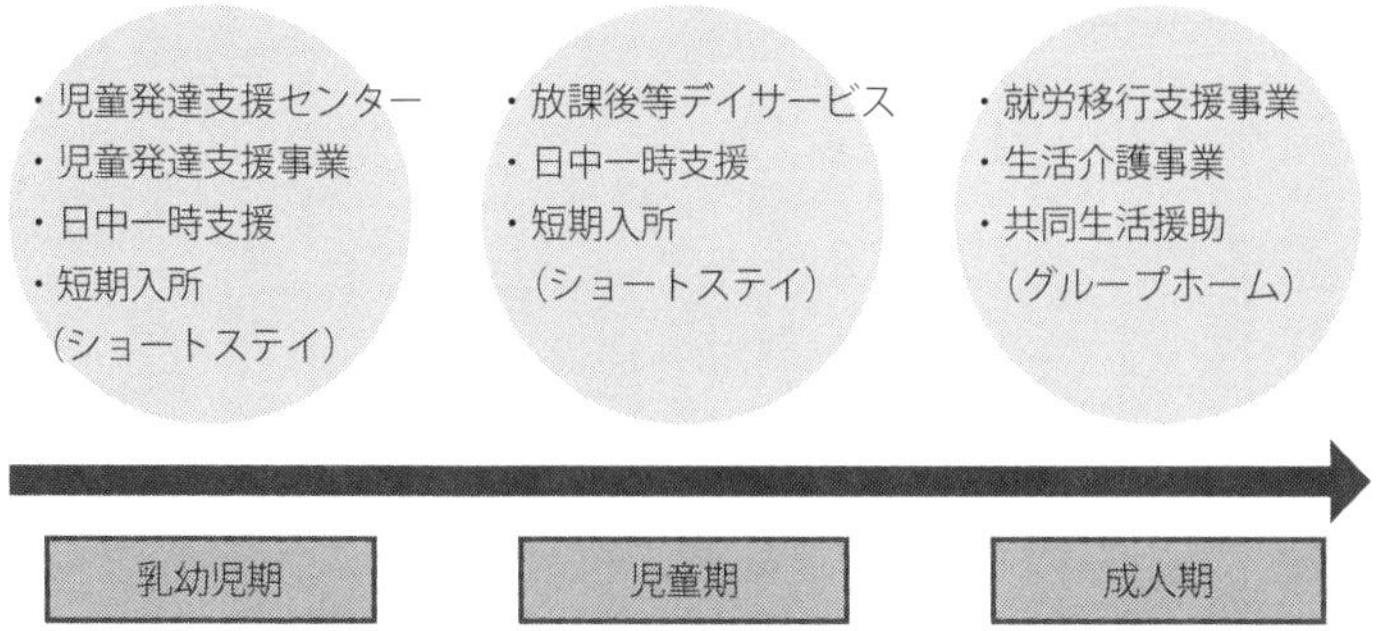

図4　発達段階ごとの支援サービス

員四十七人）と八か所の児童発達支援事業所（定員各十人）で通所療育をおこなうとともに、第一部で紹介したように、母子通園やグループカウンセリングなどを通して親・家族支援の拠点としての役割も担っています。幼児期の子どもは二四〇名利用しています。契約している子どもは四〇〇名を超え、毎日来ている子どもは約一八〇名です。

児童期になると学校教育がはじまるので、むぎのこでの支援サービスは放課後等デイサービスが中心になりますが、そこは子どもたちの育ちの場としてとても重要な役割を担うようになります。放課後等デイサービスは、学校（小・中・高校）に通う障害のある子どもが放課後や長期休暇中に通所する居場所として、二〇一二年の児童福祉法改正で創設されたサービスですが、その前身となった児童デイサービスが二〇〇三年に制度化される以前から、むぎのこではフリースクールをつくって就学後の子どもたちの支援をしてきた歴史があり、現在では十七か所の事業所に全体で約一七〇人の子どもたちが毎日利用しています。

放課後等デイサービスの事業所は、一部を除いて定員は各十人で、発達段階（学年）ごとに活動していますが、中高生の夜間の学習支援をおこなうブラックベリーや、不登校の子どもたちが朝から通所できる事業所（チェリーブロッサム、スカイブルー、トゥモロー）のような特徴のある放課後等デイサービスもあり、これらが学齢期の子どもたちへの支援の幅を広げる役割を果たしています。

成人期支援については、むぎのこが法人化されてから七年後の二〇〇三年に知的障害者通所更生施設ジャンプレッツの開設にはじまり、翌年にはジャンプレッツの作業室としてスワンカフェ＆ベーカリー札幌時計台店を開店、さらに二〇〇六年には共同生活援助ホワイトハウスを開設し、次第に支援を拡大・充実させ、乳幼児期から成人期までのライフコースに沿った支援体制が整えられてきました。

現在では、生活介護・就労移行支援事業多機能型のジャンプレッツ、生活介護事業のハーベストガーデンとトリニティで作業やスポーツ・文化的活動、ソーシャルスキルトレーニングなどの日中活動がおこなわれ、共同生活援助ホワイトハウスとして十二か所のグループホームを運営し、生活支援がおこなわれています。これらの成人期支援は、思春期から成人期への移行支援の場でもあり、ひとりの大人として自立した生活に向けた支援の重要な役割を担っています。

このように、子どもの成長に合わせて発達段階に応じた支援を拡充し、成人期までの一貫した育ちの支援システムが構築され、途切れない支援が提供できるまでに発展してきました。幼児期からの発達や、さらにはむぎのこ式親支援の結果として家庭の事情についても理解したうえで支援が続けられるメリットがあります。また、同じ地域の中で一緒に育った仲間たちや保護者、さらにはむぎのこの職員たちに見守られていることで、非公式な自然な支援も得られやすいことで、安全に大人へと成長することが期待できます。

このようなむぎのこの育ちの支援システムは、多様なニーズのある子どもの支援への期待も高まり、児童相談所からの一時保護委託や社会的養護児童の受け入れが増えています。

二　親支援から社会的養育へ

むぎのこの子どもの育ちの支援として社会的養育の事業があり、この十年ほどで急成長し、これまでとは異なる新たなニーズへの支援が広がってきました。発達支援と社会的養育とはずいぶん性質が異なる支援サービスにも見えますが、どちらも子どもの「育ち」を保障するという点では共通で、これまでのむぎのこの子どもと親・家族への支援の経験と支援資源をフルに活用することで、むぎのこならではの社会的養育にチャレンジしています。

社会的養育はもっとも基本的な児童福祉サービスのひとつで、要保護児童（親のない児童や、保護者に監護させることが適当でない児童）を「公的責任で社会的に養育し、保護するとともに、養育に大きな困難を抱える家庭への支援を行うこと」（厚生労働省）で、近年の児童虐待の増加に関連して注目が集まっています。歴史的には、親がいない「孤児」や終戦後の「浮浪児」の保護と養育が主な目的でしたが、現在では児童虐待のために保護された子どもたちのケアがその主たる役割になっています。

むぎのこの社会的養育もやはり要保護児童への支援サービスであることは同じですが、それはこれまでの発達に心配のある子どもたちの発達支援に、新たな支援が加わったというよりは、むしろこれまでの子どもと親への支援が発展して、要保護児童の支援に広がったといえます。子育ての困り感への支援で培ってきたむぎのこの子どもと親への支援のノウハウを活用したユニークな社会的養育システムが構築され、そこで育つ子どもたちが増えてきました。

これまでに紹介してきたように、むぎのこは現在のような支援サービスが制度化される前から、必要だと思うことがあれば自分たちの手で支援をつくりながら発展してきましたが、社会的養育についても同様な経過をたどってきました。

そのきっかけになったのは、まだ日本で児童虐待への関心が薄かった二十年以上前のことになりますが、むぎのこを利用していた知的障害のあるお母さんが、子育てが十分にできないということで児童相談所が子どもを遠くの施設に措置して、母子が分離されたことでした。そのときに、子どもがお母さんのもとで暮らせるようにする支援ができないかと北川園長が児童相談所に相談したところ、「あなたが里親になって、子どもを受託して実親の近くの地域で育てて、お母さんと一緒に子育てしたらいい」という助言をもらい、さっそく北川園長と古家統括部長が里親に登録したのがはじまりでした。

しかし、それ以前から子どもと親への支援の中で、園長や職員が子どもを自宅で預かることがありました。思うように子育てができず、子どもに拒否的な気持ちを出したお母さんに、その思いを受け止めつつ、それでは子どもがかわいそうだからと「今日はうちで預かる」と自宅に連れて帰ることがありました。また、子育てが困難なお母さんに、職員や仲間のお母さんたちが子どもを預かって助ける共同養育の文化が、むぎのこの社会的養育の基盤にあります。

当初は非公式な支援でしたが、北川園長や古家統括部長に続いて、むぎのこの職員が里親に登録して仕事をしながら子どもの養育をするようになり、二〇〇六年にショートステイホームむぎのこ、さらに二〇一一年には小規模住居型児童養育施設（ファミリーホーム）を開設し、家庭から離れて子どもが生活する施設が整えられてきました。その後もこのような支援ニーズの増加に応じて施設を増やし、現在ではショートステイホームは三か所（定員二十一人）、ファミリーホームは四か所（定員各六人）となり、里親は二十一組までになっています。二〇二一年八月一日現

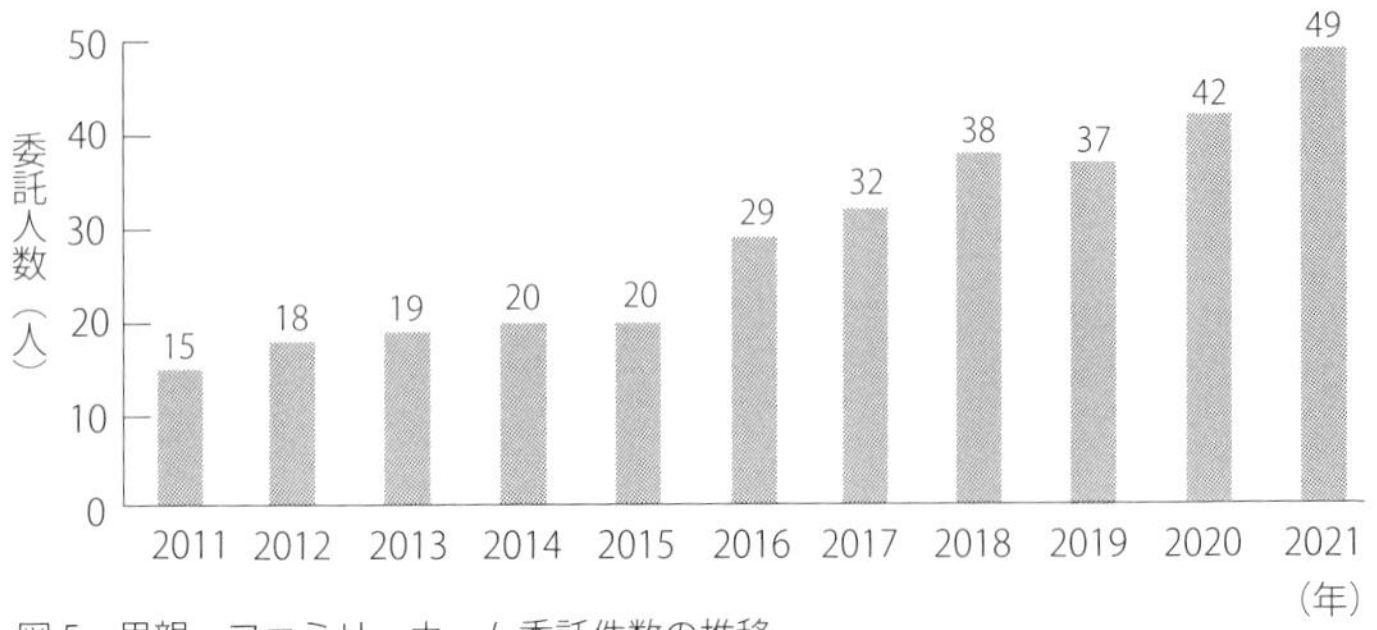

図5　里親・ファミリーホーム委託件数の推移

在、ファミリーホームには二十四人、里親家庭には二十四人の子どもたちが委託され、むぎのこで生活しています。

このように、むぎのこの社会的養育のための支援資源は、障害のある子どもの養育で困難に苦しむ親の支援の一環として発展してきたものですが、その後の児童虐待の急増により、むぎのこに通園している子どもだけでなく、児童相談所から委託される子どもが増え、要保護児童をケアする役割が大きくなってきました（図5）。さらに、二〇一六年の児童福祉法の改正により、社会的養育において家庭的養育を優先する方針が明確にされたことで、里親とファミリーホームのニーズが高まり、児童虐待対応への貢献が求められるようになってきました。

三　地域に根ざした家庭養育

従来の社会的養育は比較的規模の大きい児童養護施設での

集団生活が主流でしたが、できるかぎり家庭的な環境で、安定した人間関係の下で育てることができる家庭的養護へのシフトが進められています。里親とファミリーホームは保護の必要な子どもを養育者の家庭に迎え入れて養育をおこなう「家庭養育」で、今後の社会的養育の主流になることが求められています。むぎのこでは、他の事業と同様に、地域の中に溶け込むように里親家庭とファミリーホームがあるので、まさに地域に根ざした家庭養育といえます。

すでに述べたように、むぎのこの家庭養育は発達支援と親支援から必要に迫られて発展してきたものなので、むぎのこの人材と支援サービスをフルに活用することを前提にしたとてもユニークな社会的養育の実践といえます。ですので、個々の里親やファミリーホームの養育支援というよりも、むぎのこの支援のひとつのパートとしてとらえていく必要があります。

むぎのこの家庭養育は、ほとんどの事業所がほぼ一キロ四方の徒歩圏内に所在し（第一章、図1）、さらにそこに多くの職員や保護者が居住していることで、協力や助けを求めやすく、お互いに顔見知りの関係の中で、地域に根ざした家庭養育が可能になっています。里親も里子も、必要に応じてむぎのこの支援サービスを利用できるだけでなく、地域の中で自然な支援を得られやすいというメリットもあります。また、むぎのこの発達支援や親支援と同様に、心理相談や生活支援、さらには教育支援部やソーシャルワーク部、クリニックを介して地域の学校、児童相談所、専門医療機関などと連携・協力をすることで、包括的な家庭養育システムが構成

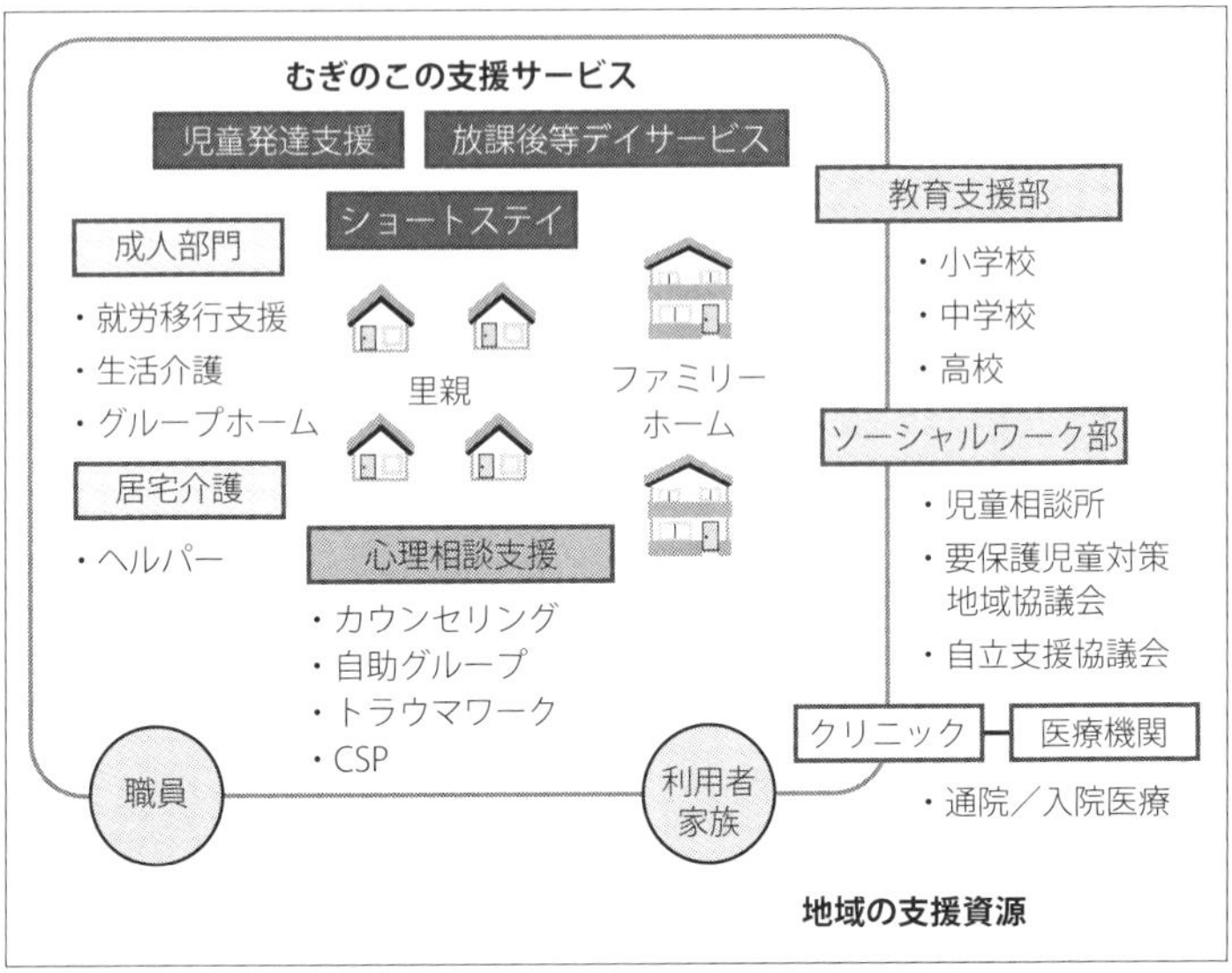

図6　むぎのこの社会的養育システム

されています（図6）。

むぎのこの里親家庭やファミリーホームでの養育は、むぎのこに通園している一般の家庭の養育とまったく変わらず、むぎのこのすべての支援サービスを利用したり、職員や保護者同士のつながりや協力を得たりすることができます。もともと里親のほとんどはむぎのこの職員や卒園児の親たちで（ファミリーホームの養育者も同様）、むぎのこの支援について熟知して、職員とのつながりもあるので、日常の療育や支援に溶け込みやすいのが利点です。

里子たちは里親家庭やファミリーホームで里親の家族や他の里子たちと一緒に生活しますが、日中は年齢に応じた活動をして過ごします。

まだ就学していない幼児たちは、むぎのこ児童発達支援センターや児童発達支援事業所で同じ年齢の子どもたちのクラスに入ってプログラムに参加します。ここでは里親が保護者として母子通所をして、里子と一緒にリズムや親子遊びをして交流を深めたりします。一般のお母さんたちの中に少し年配の里親（おばあちゃんではなく）が混じっているのは、むぎのこではとてもふつうの光景です。もちろん、グループカウンセリングにも参加して、子育ての困り感をクラスのお母さんたちと共有したりすることもしています。

学齢期の里子たちは、地元の小中学校に通って学校生活を送ります。むぎのこでは地元の小中学校の元校長先生が職員となって日ごろから学校と連携しているので、新しくむぎのこに来た子どもたちの学校での支援も円滑におこなうことができます。そして、学校が終わると子どもたちは放課後等デイサービスに通って、同じ年齢の子どもたちと活動したり勉強を教えてもらったりしてから里親家庭に帰ります。

児童相談所から委託される子どもたちの中には、学習の遅れや学校適応の問題、さらには不登校状態になっていることもあり、それぞれの子どものニーズに応じた支援が必要な場合が少なくありません。放課後等デイサービスのうち、チェリーブロッサム、スカイブルー、トゥモローは不登校の子どもたちのクラスとして午前中から開所しているので、不登校児の日中活動もしっかりと用意されています。

高校生については、本人の希望に応じて進学先が選ばれますが、従来から北星学園余市高校に進学する子どもが多く、片道一時間半をかけて通学しています。原則的には自力での通学が基本ですが、個々の支援ニーズによっては車で送迎することもあります。学力的な負担の大きい子どもにとって普通科の授業についていくのは大変ですが、学校が終わってからブラックベリー（放課後等デイサービス）で学習支援を受けながら、仲間たちと共に卒業を目指していきます。

高校に進学しない、あるいは中退した場合には、むぎのこの成人期支援である生活介護や就労移行支援のプログラムに参加するなど、やはりむぎのこの支援サービスの中で活動を続けることができます。

むぎのこの社会的養育は、子どもを委託された里親家庭やファミリーホームが自分たちだけで養育するのではなく、麦の子会の職員としっかり連携して、困ったときにはすぐに助けをもらいながら対応しています。里親だけでは対応できないような問題が起きたときには、職員がすぐに応援に駆けつけたり、関係する職員が集まって支援会議を開いて支援方針を検討したり、法人全体で里親をしっかりとサポートする、まさに総力戦で家庭養育を守る仕組みになっています。

里親が増えてきたことで、里親同士の交流や協力も活発になり、親支援と同じように里親たちも自助グループをつくって、定期的に集まって語り合うことで、互いにケアしながら子どもたちの養育を続けています。また、むぎのこの職員として、アンガーマネジメントやペアレントトレーニング（CSP）の研修を受けて、適切な養育スキルを習得することで、家庭養育の質的向上にも努めています。

このようなむぎのこの支援サービスと人材を最大限に活用することで、児童虐待やネグレクト、さまざまな傷つき体験を有し、情緒・行動上の困難を抱えた社会的養護児童をしっかりと受け入れて、ケアしながら育ちを支援するフォスターケアのシステムができてきました。

四　途切れない支援

社会的養育は本来の家庭での養育に代わる一時的な代替養育であり、育ちの場や養育者が永続的に変わるものではありません。それでも、ただでさえ生まれ育った家庭を離れて、知らない家で初めて会った大人と一緒に暮らすことは、子どもにとってはとても不安で、心細いに違いありません。それが子どもの「最善の利益」だと大人たちが思っても、だからといって子どもが安心しきって新たな生活にうまく適応できるとはかぎりません。そんな子どもの心情にしっかりと寄り添い、「ここにいていいんだよ」という安定感を保障することも大切になります。いつまでもいなければならないわけではないとしても、いつまでいられるかわからないような不安定さは、子どもの心に大きな負担をかけることになります。

さまざまな事情で社会的養育に困難が生じて継続できなくなり、他の里親や児童福祉施設などに移されることもありますが、社会的養育における措置変更は子どもに大きな負担とリスクを高めることが知られているので、できるかぎり養育者が交代することがないように努める必要があります。もともと、むぎのこがファミリーホームを開設したのは、障害にともなう激しい行動障害や不適応、情緒的混乱などのある子どもを里親夫婦だけで養育することは困難なので、補助者を入れることができるファミリーホームにすることで、支援が続けられるようにするためでした。子どもの育ちが分断されることがないように、支援を継続できる家庭養育のサポートはとても大切です。

しかし、むぎのこの幼児期から成人期までの幅広い支援サービスや、職員と利用者家族の献身的な協力や応援をもってしても、それだけでは十分にケアできず、外部の支援に頼らなければならないこともあります。たとえば、激しい攻撃性や情緒的混乱が繰り返されるような場合には、ファミリーホームでの対応も限界を超えてくるので、さらにスタッフが充実した施設への入所や専門的な治療施設への入院をお願いせざるをえないことがあります。家庭での養育の限界を見極めて社会的養育で対応するのと同じように、社会的養育にも限界はあるので、いたずらに躊躇することなく、適切に対応しなければなりません。

入所施設や精神科病院などへの入所・入院は、子どもの生活の場が変わるだけでなく直接的な支援者も変わることで、それまでの支援が途切れてしまいやすくなります。それは子どもにとっては里親や施設を移るのと同じような不安感や喪失感につながるもので、十分な配慮が必要です。そのために、外部の支援をお願いしている間もずっとむぎのこの職員がかかわり続け、退所・退院後にはむぎのこに帰ることを保証します。また、施設や病院のスタッフとのコミュニケーションをしっかりとることで、支援が途切れないようにしています。

最後に、社会的養育にかぎらず、子どもの支援の多くには年齢による制約があり、そのために支援が途切れる可能性があるので、移行（トランジション）支援がとても重要になります。里親とファミリーホームでの家庭養育は、児童福祉法の規定では原則十八歳までで、特別な事情がある場合には二十歳まで延長できるものの、それ以上継続することはできません。児童発達支援や放課後等デイサービスなどの児童福祉法に基づく支援もおおむね十八歳までの制約があり、それ以降は成人の支援に移行しなければなりません。

むぎのこは開設以来の子どもたちの成長に合わせて二〇〇三年から成人期の支援サービスを開始し、支援の幅を広げてきました。ですので、子どもたちはそれぞれのニーズに合わせて、むぎのこの支援サービスを利用することができ、同じ地域の中で、同じ職員や仲間たちに囲まれて、安心して生活を続けながら、自立へ向けて成長していくことができます。なかには、むぎのこの職員になって、近くに部屋を借りて独立していく子どもたちもいます。

むぎのこの里親は、もともとむぎのこに通園する子どもの支援のひとつとして親の子育てを助けるものだったので、実親との関係が途切れることはなく、むしろ里親も積極的に実親の支援にかかわってきました。それは児童相談所から委託される社会的養護児童の場合でも同じで、子どもの支援の中で実親とのつながりをとても大切にしています。児童相談所の判断で実親との面会ができないこともありますが、その場合でも子どもには実親についての情報を伝えたりしながら、子どもの気持ちに寄り添うようにしています。

それでも、残念ながら家族の再統合に至らなかったり、実親と会うことすらできないまま十八歳を迎えて、ひとりで大人としての道に進む子どもたちもいます。そんな子どもたちにこそ、途切れない支援は欠かせません。しっかりとした移行支援をしていくことは、子どもの支援の最終目標であり、責務でもあります。安定的な社会的養育は、大人への移行の基盤であり、「実家」として自立する子どもの心の支えになることが期待されます。

制度的な区切りによって途切れた線路にならないように、少なくともむぎのことの「関係」を続け、いつでも帰ってくることができる場になることが移行支援の肝であり、「共に生きる」というむぎのこの理念に沿った子ども支援の目的地です。

第五章　里親と里子の語り――むぎのこ式社会的養育の体験

むぎのこの子どもと親への支援からはじまった社会的養育は、現在では二十一名の職員と卒園児の親が里親に登録し、法人型のファミリーホーム四施設とともに、児童相談所から委託された社会的養護児童の家庭養育をおこなっています。里親のほとんどは、むぎのこの支援サービスを受けながら障害のある子どもを育ててきた親でもあるので、自分たちの子育て経験を生かして、そしてむぎのこの支援や仲間に助けられながら、さまざま困難や傷つきを抱えてむぎのこに来た子どもたちの育ちを支えています。それはまさにむぎのこの総力を挙げた子どもの育ちの支援の実践といえます。

そんなむぎのこ式社会的養育について、第一部と同じように、ここでも里親さんとそこで生活する子どもたちの語りを通して紹介します。当事者たちの本音が入り混じる語りから、子どもたちの育ちを守り、自分らしく生きていくことができるような社会的養育の課題と可能性を探っていくことにします。

パートI　子育ての村の里親たち——子どもを育てたあとのギフト

古家：今日は、里親をやっている三名に集まってもらって、いきさつや様子など、体験談を語ってもらいます。三人はもともとむぎのこの卒園児のお母さんたちですが、三年前に児相から「里親さんを増やしたいので、むぎのこさんで誰か里親さんを募集していただけませんか」って言われて、それで里親研修を受けて登録してくれた里親さんたちです。じゃあ、船木さんから、いいですか。

船木：はい。むぎのこ本（『子育ての村ができた！　発達支援、家族支援、共に生きるために』二〇二〇年、福村出版）で、長男のケンヤのことを書かせてもらったんですけれども、重度の自閉症で、今二十七歳になりましたが、その子が三歳のときからむぎのこに通っている親です。その下の長女と次男もむぎのこでお世話になって、家族支援を受けて、今ここにいる船木家族です。

　里親の登録をしようと思ったのは、むぎのこの先生たちやみんなも里親をやっていて、そういう社会的養護の子どもたちがたくさんいるのを知っていたので、自分の子どもたちが家を離れていったのを機に、私も役に立てたらいいかなと思って里親をやることにしました。

お父さんは、最初反対していました。

同時期に岩田さんと岩倉さんと私の三人が里親の研修を受けて里親になりました。そして、ちょうど三人の子どもが来るということになって、うちにはどんな子が来るのかなと思っていたら、古家先生が「船木さんには、今一時保護で来ているダウン症のヒロシくんどうかな」って言われたので、「えっ。古家先生、無理です。ダウン症の子どもは、すごく体が弱いし、無理です。無理です」って言いました。

そのときに思ったのは、ケンヤも重度の自閉症の子どもだったので、里親になってもまた障害のある子どもが来るんだというので、受け入れたくない気持ちがすごい強く、「何とかなるって言われても……岩田さんは看護師だから、ダウンちゃん、体弱いから、古家先生、ヒロシくんはどうか岩田さんのほうにお願いします。うちは、ダウンちゃんじゃないユウタくんをお願いします」と全力で断りました。

そしたら、古家先生は、「ダウン症の子なんて、ただ、かわいいかわいいって言って育てていればいいんだよ」と言うばかりで、全然聞き入れられなくて、もうやばい、やだやだやだってすごく抵抗して、「絶対に無理です」と何度も言ったんですが、来ることが決まりました。そんなことがあり、いざ来るっていうことになっても、「また障害の子で大丈夫かな」という気持ちで受け入れました。

渋々受け入れた生活が実際にはじまると、すごく多動なダウンちゃんで、やっぱり断るんだったと。うちに来たときは三歳半で、あとで実親のお母さんから聞いたんですが、三歳でやっと歩けるようになったというんですけれども、そんなことを感じさせないぐらい、すごく多動で動き回っていて。

さらに、療育センターに行ったときも、「ダウンちゃんは頸椎《けいつい》が弱いから、でんぐり返しは絶対にさせちゃいけないです。もしそれで頸椎に何かあったら下半身不随になります」とドクターに言われて、もう怖くて怖くて、多動させないように一生懸命つきまとったりして、ヘトヘトになって、さらに便こねしたりというのもあって、もういやだよ、こんなのを毎日やって、本当に疲れちゃうと思って、「古家先生、私、もううつになりました」って言ったら、「あ、そうなんだ」「とにかくダウンちゃんは、かわいいかわいいって育てればいいんだよ」って言われて、「そうなんでしょうけど。でももう、今、うつなんですけど……」、そんなやりとりを古家先生とした記憶があります。三か月くらいはそういう状態が続きました。

最初は、そんなふうに本当にいやな気持ちばっかりで、全然子どものことを考えられないし、見られないし、自分ばっかりだったんだけれども、ある日、ヒロシくんとお風呂に入って、ヒロシくんの体を洗っているときに、ダウン症特有の体を見て、「あっ」と思って、そこにすごく目がいって、ダウン症の子はすごくつらいよなというのを本当に感じて、それからヒロシくんのことを考えるようになっていったら、ちょっとずつ気持ちが近づいていったというか。それまですごく離れっぱなしだったんだけれども、そこからちょっとずつ距離が近くなっていったのかなと、今は思っています。

自分がすごく障害のことをいやがっていたから、ヒロシくんのお母さんとも交流するようになって、三人の子どものうちヒロシくんだけ里子に出していたのを知り、きっとこのお母さんも、障害のある子のことがいやなんじゃないかなと思っていたんです。だけど、お母さんは、すごく引き取りを希望していて、ヒロシくんのことをすごくかわいがっていて、大事にされているということがわかって、そのお母さんとの交流からも、ヒロシくんに対する気持ちが変わっていったという感じでした。

そしたら、だんだん本当にかわいくてかわいくてしかたなくなっちゃって、最初は、あんなにいやでいやで、いつ実親のところに帰るのかなとすごく思っていたんだけれども、どんどんかわいくなっていって、今は本当に離れるのがつらいなという感じです。

うちの家族って、自閉症の子どものいる家族で、あまり家族のやりとりというのがなくて、お父さんが帰ってきても、誰も「おかえり」とも言わないで、お父さんも何も言わないで、玄関から茶の間を通って二階に上がっていくんです。ただひたすらダダダダっと入ってきて、ダダダダっと階段を上っていく感じの家だったんだけれども、ヒロシくんはお父さんが帰ってきたときに、「わあ、わあ、おかえり、おかえり」って、それでお父さんも「おお、ただいま」とか言うようになって、ヒロシくんのおかげで家族もコミュニケーションをとるようになっていって、本当に家族にとってもヒロシくんは恵みだったな、ヒロシくんが来てくれて本当によかったなと、今は思っています。

最近、ダウン症の子どもをもつお母さんから電話で、むぎのこに見学に来たいんですという連絡があって、私がダウン症の子どもの里親をやっているんですという話をしたんです。そしたら、あとで古家先生から聞いたんだけれども、そのお母さんはダウン症の子どもでも見てくれる里親さんがいるんだということで、すごく励まされたということを言っていたと聞いて、すごくよかったなと思いました。

古家：舟木さん、ありがとうございます。次に、岩倉さんお願いします。

岩倉：私の娘が自閉症で二歳のときからむぎのこにお世話になっていて、娘は今、むぎのこのグループホームに入って、生活介護でお世話になっています。お兄ちゃんもいるのですが、お兄ちゃんは、結婚をして家を出ています。

私もすごくわがままで、勝手なことばっかり言って、古家先生とか北川園長を困らせていたんですけれども、そして今もお世話になっているんですけれども、まわりの人も里親をやっているのを見て、自分も何かできたらいいなと思って、二人の子どもが家にいなくなったのをきっかけに里親をやろうと思いました。

それで、船木さんと岩田さんと一緒に里親の研修を受けたら、まもなくして小学生の男の子が来ました。自閉傾向があると児相から教えてもらっていたのですが、すごく自分の子と違ったので、私もすごくイライラしたり、とにかくなんでもすぐ「自分の子と違う」と思ってしまって。それで、近くにたくさん里親さんがいるので、ベーテルホームの杉山さんのところに行って、「今日、こんなことをしたんだけれども」とか話を聞いてもらっていました。

私は散らかっているのがすごくいやで、みんなに「(里子が)脱いだ服はそのままほったらかしにしたり、ゴミはゴミ箱に入れないし、なんかすごいいやなんだけども」って言ったら、みんな「そう、いやなんだね」って受け止めてくれてから、「でも、それはふつうだよ。小学生はみんなそうでしょう」と言われて、「ああ、そうなんだ」と思って。

あとは、門限がうるさいとかそういうのを言ってきたりして、うちの子が全然言わなかったので。それでまた、こういうことを言ってくるんだよねとか、杉山さんにいつも相談しながらやっていて、「ああそう。大変だったね。でも、男の子だったらふつうじゃない」って言われて、また「ああ、そうなんだ」と思って。最初はそんな日々でした。

里子はノブオくんというんですけれども、最初乳児院にいて、そのあと里親さんに引き取られたんですが、里母さんが病気になってしまい、新しい里親さんに行ったんですけれども、そこでうまくいかなくてうちに来たんです。

それで一年くらい経ってかな。ちょっと心を開いてくれてからは、「ひとりめの里親さんのところでよく怒られたんだ」と話してくれるようになって、「そうだったんだね、つらい思いをしていたんだね」と言って話を聞いていました。最初は、やっぱりお利口さんにしていないとダメだと思ったのか、そういう話は一切しなかったですけれども、最近は、よく叱られていたとかって話してくれるようになりました。里親だけで育てるのは大変だったと思います。

里子さんにもお母さんがいる子といない子がいます。今、ノブオくんは小学校三年生なんですけれども、自分にはお母さんがいなくて、やっぱりまわりの人はお母さんがいて、だんだんとまわりの人がお母さんに会いに行ったりしているので、すごくうらやましがって、でも、自分は何もしてあげられないので、それがすごくつらいところです。児相ががんばってくれて児相で会う約束をしたのですが、まだ叶ってないのです。

今は、ふたりめの新しい里子のマサシくんが、去年の秋から来ているんですけれども、その子のお母さんはむぎのこで働いていて、家もすぐ近くでいつも会えているので、お母さんの話をするんだけれども、やっぱりそういうときには、「お前はお母さんがいるからいいな」って、そういう会話になって、そこがいつも私は心苦しいところです。

マサシくんは、家にいたときにお母さんとけんかして、お母さんが投げた携帯が、たまたまマサシくんの鼻のところに当たって、鼻の骨が折れたそうなんです。それで、マサシくんは児相からむぎのこ内で一時保護委託になって、その後うちで暮らすことになりました。

マサシくんも暴言とか暴力がすごく激しかったので、北川園長とか古家先生には、「今まで自分が育ててきた子と全然違うので、すごくイライラします」と言いながらやっていて、この間も古家先生に、「すごくイライラしてしかたがないんです」って言ったら、「そうだよね。自分の子育てと全然違うのはしかたないでしょう」って明るく言ってくれるので、「ああ、またがんばろう」と思えています。

最初に来た子がいろいろあったんですけれども、今は落ち着いて、ふたりめの子もちょっと落ち着いてきましたけれども、きょうだいではないですけど、このふたりの関係が今は難しいなと思いながら、そんな日々を過ごしています。

古家：岩倉さん、ありがとうございます。次は、岩田さんです。

岩田：私も船木さん、岩倉さんと同じ日に里親になって、最初に来た子が七歳の男の子だったんです。その子は、ご両親に事情があったみたいで一時保護になって、それから措置になってうちに来たんです。

私も、最初は、どんな子かなと思って不安だったんですけれども、暮らしているうちにすごくかわいくなって、最初は「おばさん」と呼んでいたんですけれども、「ユウタが大きくなるまではうちにいていいんだよ」と言ったら、「うん」と言って、その「うん」と言ったのがすごくかわいくて、そして、しばらくはおばさんと呼んでいたんだけれども、お母さんって呼ぶ人がいないから寂しいかなと思って、「お母さんと呼んでもいいんだよ」と言ったら、おばさんと呼んだり、お母さんと呼んだり、どっちでもいいよと言ったら、「お母さん」と呼ぶようになったりして。本当に元気で人懐っこい、むぎのこに通っていても、すごく先生方にかわいがられて。たまに癇癪を起こして物を投げたり、イスを投げたり、つばを吐いたりして、本当に困らせてもいるんですけれども。

うちに来た当初は体がすごく弱くて、私もむぎのこで働いていますが、有休が減る減る。里親には有休を増やしてほしいと思うぐらい休んで。すぐ熱が出て、咳は出るし、すぐ吐くし、全身アトピーみたいに発疹がバッと出てきて、「なんだ、これ。こんな話聞いてなかったぞ」みたいな感じで、すごく体が弱かったんですけれども、徐々に丈夫になって、最近では熱を出さなくなって、病院通いもあまりしなくなったんです。

措置になってからは家族とは会っていないです。お母さんも会いたいという気持ちがあるだろうなと思っています。

そして去年から、小学一年生の男の子、アキラくんがふたりめの里子としてうちに来ました。当時アキラくんは学校で水も飲めなくなり、お母さんが毎日学校に通って水を飲ませていました。そのうちに、だんだん自宅でお母さんに攻撃的になり、アキラくんがいろいろ管理するようになってしまいました。ある日、お母さんはもう一杯いっぱいになってしまって、「もう無理だわ」って言って、保護されてうちに来たという経緯です。

今は、お母さんとは交流はほとんどしていないんですけれども、発達支援センターのほうで本人が受診と、お母さんは心理の先生の訪問というかたちで入っていて、落ち着いてきたらこれから徐々に交流をしていく予定です。直接的な交流はまだありませんが、お母さんも一生懸命後方からアキラくんを支えてくれています。

アキラくんはすごく警戒心の強い子で、心理の先生が「さあ、遊びに行くよ」と言ったら、「何が目的」って心理の先生に言うほどなかなか警戒心が強い男の子なんです。うちにいるときは、言えば、指示はある程度入るし、適応できているんだけれども、主治医の先生が言うのには、それは本人の仮の姿で、本当はもっと違う姿があるということなんだそうです。

最近は、すごく楽しめるようになってきて、近所のソウタくんたちとかと走ったり、自転車を乗り回したりしています。あと、動物が大好きで、餌をあげて「かわいい、かわいい」

と言って、癒やされていましたね。

だんだん子どもらしいところが出てきて、最近では、私の膝に乗ってきたり、お尻をポンと叩いたりとか、どっかどっか触ってきたりとかしてくれています。

実は、私も生まれてまもなく養父母のところで育った経緯があって、その養母の離婚、再婚で、私もすごく苦しんで苦労したんですけれども、一方で、やっぱりかわいがられたら、子どもって成長するんだなというのも実感しているんです。養母のお母さん、おばあちゃんとか親戚のおばさんとかにすごくかわいがってもらったんですよね。血はつながっていないけれども、いとこと分け隔てなくかわいがってくれて、そういうかわいがってもらったという経験もあって、血はつながらなくても、家族みたいになれるんだなというのを実感しています。

それから、自分の子どものことを言っていなかったんですけれども、娘は重度の高機能自閉症で一歳十か月からむぎのこに来ています。年子のお兄ちゃんも不登校で、本当にそのまいったら就職できなかったかもしれないんですけれども、今は、お兄ちゃんはブラックべリーの児童指導員と本部の事務員として働かせてもらって、娘も成人の生活支援員で働かせてもらっています。

むぎのこの里親システムについて

古家：船木さん、岩倉さん、岩田さん、ありがとうございました。ここから北川園長、小野先生にも入っていただきます。小野先生いかがですか。

小野：結構ハードなケースをいきなりやるというのが、むぎのこの里親システムなんですかね。スモールステップじゃなくて、本当にいきなりっていう感じですね、みんな。

船木：出だしはいやだいやだだったけれども、うちの場合は、今は本当にヒロシくんがかわいくてかわいくてしかたなくなっちゃって。

古家：やっぱり来たときとは、見違える姿になりましたよね。

船木：そうですね。

古家：ヒロシくんも、ユウタくんも、ノブオくんだってね。

北川：そうだね。落ち着いたよね。

古家：ノブオくんは、集団の中に入れなかったから。

北川：みんながふつうの里親さんと違うのは、自分の生活に子どもを合わせることが難しく、結果として文化の違いみたいなことを受け入れていることですね。

岩倉：そうですね。それで私もちょっとイラッとしたので。

北川：里親の気持ちのどこかに自分の家に来たら、正しく育てなきゃいけないみたいなプレッシャーを感じるときもありますよね。
古家：礼儀が身についていないから教えなくちゃというのがあるから、そこで乖離しちゃう。
北川：と同時に里親は、みんなで育てることに気がついたら心の余裕が出てきますね。
岩倉：それを感じたのは、ノブオくんが学校に行きたくないってなったときに、私は学校に行かせたい派なんだけれども、古家先生と相談しながら、「一生懸命今までがんばってきたから、しばらく休めばいいでしょう」と古家先生に言われたとき、自分の子だったら、「えっ」と思ったかもしれないけれども、「あっ、そうだ。一生懸命やってきたんだから、ちょっと休んでもいいいんだ」と、私もすぐに古家先生のアドバイスを受け入れられて。それで、休んだときからノブオくんもすごく落ち着いて、学校も四年生からは行けるようになったので、だからそういうのはありますね。
北川：里親養育って、いい意味での「距離感」がある感じ。
古家：実子って、自分の体の一部のような感覚だけれども、里子は別人格って思える。
船木：そう思える。自分の子ども、実子がやったことは、私と同じことをやっているというか、分身みたいな感じ。
北川：里子は、途中から育てているので、あなたはあなたのままでいいという安心感を意識する必要がありますね。

船木：まったく違うから。

古家：そして、里親について、みんな結構勉強しているじゃない。自分の子どもには甘えがあって、学んで実行しても三日坊主になってしまうけど、里子には個人を尊重するようにという思いがあって、学んだことを続けて、みんな結構がんばっているよね。

船木：それと私たちにはバックがついていて、いつでも支えてもらえるという安心感もすごいあります。古家先生のところにも、園長のところにも、あとショートステイだったり、ヘルパーさんだったり、そういうバックの人たちもたくさん助けてくれる。

古家：個人個人じゃなくて、グループでできるしね。

北川：里子は社会の子だから、ひとりで背負わなくてもいいと思うと、ちょっと楽だよね。

岩倉：うちは、私がちょっとイライラして里子に厳しめに言うと、お父さんが、「お母さん、今のちょっと厳しい、すごく言い方がきついよ」って。

古家：そこまで見てくれるんだ。

岩倉：船木さんと一緒で、「今日こうだったんだよ」「こんなことがあった」って言うと、「いや、それはしかたがないでしょう」と、最近はお父さんが私に言ってくれて、それでますますコミュニケーションがとれるように。お父さんが帰ってきてからだから、七時半ぐらいになってから、それからしゃべっている。お父さんも疲れていると思うけれど。

北川：すごいコミュニケーション。

岩倉：マサシくんが来てからは、ますます会話することにしている。「いや、それはふつうじゃない」とかって。

船木：内容もいっぱい話さないと。

小野：里親は、夫婦の危機を乗り越えるいい方法かもしれない。

北川：たしかに。離婚の危機のときに、里子が来て危機を乗り越えた夫婦いたよね。

苦労はあるけれども、苦労は当たり前なんだみたいな。だって、障害があったりするから、当たり前だし、病院に行けば病院の先生も助けてくれる、そういう安心感がある。みんなに助けてもらっていい。だから私の場合は、最初から月に一回とか、児童精神科の先生のところに行っていました。

古家：いや、園長は里親をやっても育てられると思ったけれども、三人（船木・岩倉・岩田さん）は育てられないんじゃないかって、実はすごく不安だったのね。でも、子どもたちがものすごくかわいくなっているから大丈夫だったたって。みんな本当にかわいくなっている。

ユウタくんも、すごくピチピチしてきているわけ。私に会ったら、以前だったらすごい他人という感じだったのに、わざと「園長、園長」と言ったりとか、すごく人懐っこくなっているの。

北川：それと岩倉さんのところのマサシくんは、誰に対してもベタベタしていたでしょう。それがなくなって。

船木：ああ、たしかに。

古家：知性的な顔になったでしょう。

北川：愛着障害の典型だったけど、誰にでもベタベタして、私を見たら、「アイ・ラブ・ユー、アイ・ラブ・ユー」って。

古家：それ、言わなくなったの？

北川：言わなくなった。あと、ペタッてくっついてくるのもしなくなった。

古家：すごいね。短期間ですごい。この三人はスーパー里親だね。

小野：専門里親のレベルだよね。やだやだと言っていた人が立派に育てちゃうっていうのもすごいよね。

船木：自分の里子も、人の里子も、みんななんか。

北川：何なんだろうね。里親をやっている人たちって、結構楽しいって言うね。

古家：ひとりでは難しくても、チームで励まし合っているから。

岩倉：それはあるかもしれない。

岩田：自分たちの子どものときは失敗したからね。うちは子育て失敗して。
北川：でも、私と古家先生はいつも言っているのよ。「実子で苦労や失敗を通して、子どもから学び、育ててもらったから、里親ができます」って。
古家：だから若い人たちに自分の失敗したことを隠さないで全部教えてあげている。
岩田：教えてもらっている。
古家：それがいいよね、みんなね。
船木：いい里親になんなきゃとかって、あんまりないもんね。
北川：だって、船木さんはやだやだだったし、岩田さんもすごかったよね。「おじいちゃんが来ますので、うちは家族の介護がありますから（里親は）無理です」とか言って。そしたら古家先生が、「家族の介護も大事だけど、これから育っていく子どもを見るのも楽しいよ」って。

最初はみんないやいやで自信がなくて愚痴もあったけど、今では難しい子たちをしっかりと受け止めて、ベテランの里親さんみたいで、とても頼もしくなったと思います。これからもよろしくお願いします。

パートⅡ　むぎのこの里子たち

むぎのこで里親による社会的養育がはじまってから二十年になり、二〇二一年八月一日までに七十三名の里子を受託し、そのうち二十七名が家庭に戻ったり自立して巣立っていきました。最近では、児童相談所から他の児童福祉施設や里親家庭で対応が難しくなった子どもたちが、むぎのこのファミリーホームや里親に委託されることが多くなり、中学生や高校生になって初めてむぎのこに来る子どもたちの支援が大きな課題になってきました。

小さいころからの関係がある子どもとは違い、思春期の難しい時期からの家庭養育は、新たな人間関係や生活環境への適応だけでなく、それまでの施設養育や措置変更などに関連する情緒・行動の問題への対応などで、養育者の心配や苦労には大変なものがありますが、それはむぎのこに来た里子たちにも当てはまります。突然、知らない大人の家で生活することになり、勝手のわからない環境で、新たな人間関係の中に投げ込まれた心配や苦労は想像に難くありません。

家庭養育が子どもの幸せにつながるものになるためには、子どもたち自身の声に耳を傾けることが欠かせません。里親三人の語りに続いて、今度は里子四人の語りから、むぎのこの家庭養育の様子を見ていくことにします。なお、プライバシーへの配慮から、子どもたちの名前はすべて仮名としています。

古家：今日はむぎのこの里親さんのところでがんばっている四人からいろいろとお話を聞きたいと思います。みなさん、今日は集まってくれてありがとうございます。みんな、この春に高校を卒業して専門学校に入ったんだよね。まずは入学おめでとうございます。じゃあ、まずうさ美さんから。うさ美さんは何歳のときに来たんだっけ？

うさ美：十三歳のときに来ました。

古家：それまでは家にいたの？

うさ美：家にずっといました。

古家：十三歳で、今は十八歳。

うさ美：十八です。

古家：もう五年も経ったんだね。来たときのこと覚えてる？

うさ美：覚えてる。

古家：どんな感じだった？

うさ美：里子の制度のこと何も知らないで来たから、ただ不安だった。

古家：児童相談所で説明受けたの。児童相談所には泊まったことあるの？
うさ美：うん、札幌の児相で一時保護ってかたちで三、四日くらいいたはずなんですけど、そのときに書類みたいなプリントで「里子になります」みたいな。いきなり言われて。
古家：そのときどう思った？
うさ美：里子の制度のことを本当に知らなかったから、なんか捨てられたのかなと思って、ちょっと悲しくなって、びっくりしたのを覚えている。
古家：だけど里子になることにしたの？
うさ美：まあ、「なります」って言われたので。
古家：どうですかとか聞かれないで？
うさ美：「なりますよ」って言われて、「下川さんのところに里子になるからよろしくね」って。
古家：捨てられたのかなと思ったけど、そのあとどんなふうな気持ちだったの？
うさ美：捨てられちゃったのかなあと思ったけど、びっくりして何も考えられなくなって。
古家：来てみたらどうだった、下川さんの家。
うさ美：来てみたらすごいおしゃれで、すごくあたたかい家で。
古家：下川さんの家に来るとき、下川さんのこと知ってたの？
うさ美：知らなかった。最初「下川さん」って呼んでたら、「みんなシモちゃんって呼んでるから、シモって呼んでいいよ」って教えてくれて、「じゃあシモちゃんで」って感じですごいあたたかくて。

古家：どのぐらいで慣れたの？

うさ美：たぶん一週間経つか経たないかで。すごくやさしかったから、すぐいろいろ話したりとかよくしてくれたりして。

古家：蒼くんのほうが先にいたもんね。ふたりだったの、そのとき。

うさ美：私が先に来て、入院したときに蒼くんが途中で来て。

古家：なんで入院してたんだっけ？

うさ美：糖尿病で。

古家：もともと糖尿病で入院したことあったの？

うさ美：いや、したことなくて、こっちに来てシモが糖尿病かもしれないと思って、私を病院に連れて行ってくれて、そしたら「糖尿病ですよ」って言われて、しかもいつ死ぬかわからないみたいなくらいの血糖値で、それですぐに入院みたいな。シモがいなかったら私は死んでたかもしれないし、すごい感謝しきれない。

古家：そのとき、なんか自分としては喉が渇くとかあったの？

うさ美：はい。喉が異常に渇いてて、お茶を一日に一リットル飲んだりとか、体が重かったり、手足がすごいむくんだり。そういうのがすごいあったんですけど、糖尿病の症状とか全然知らなかったから。

古家：お母さんにはいつぐらいから会ったの？

うさ美：お母さんにはこっちに来て一か月ぐらいで一回会って、それから、毎週だか毎月だか児相で会ってたんですけど、そのときは、もうむぎのこのいろんな教えとか、アドバイスやスキルもいただいて、それでいろんな考え方が変わってて。

古家：どんなふうな考えから、どんなふうに変わったの？

うさ美：自分の意見を言ってみるとか。相手の意見をまず聞いてから自分の意見を言うみたいなことを覚えてたから、弟と話してたら弟が怒っちゃって、そしたらお母さんに「けんかだ」って怒られたんですよ。それもなぜか私が、全然違うのに。それからもう一年くらい会わなくなって、全然違うでしょって。今はたまに年一《ねんいち》とかで児相のほうで面会させてもらって。

古家：今はどんな感じで会えるの？

うさ美：今はもう離れていろいろお互いに、親は親なりにこういうことをしたよとか、弟も今はデイサービスに通っててこんなことして楽しかったよとか、自分もテスト何点取ったよとか最近のこと話したり楽しい話をして、そういう感じですね。

古家：自分でも何か楽しい話をしたほうがいいかなと思ったの？

うさ美：はい。昔は親が憎いっていうか嫌いだったので、もう二度と話もしたくないとか、親なんかいなくなればいいのにとかすごい思ったけど、いろいろ考えたら親も自分のために今までがんばってくれてたんだなって、だから会うときぐらい楽しい話しようみたいな。

古家：そして、そのあと里志さんが来たんだ。

うさ美：はい。

古家：それで何年ぐらい経ったんだっけ。里志さんが来て。

里志：たしか俺たちが中学三年生のとき、二月五日に来たから……

古家：四年目だ、今。

里志：くらいかな。

うさ美：もともと私苦手な人間とかに当たるとすごい心が荒《すさ》んで、すごいいやがらせとか、ちょっと拒絶とかするんですけど、そのときにすごい自分でも人に拒絶するのいやだったので、すごいシモにいろいろ相談したり、どうしたらいいんだろうって話はしてました。

古家：じゃ、里志さんとはほとんど話しなかったの？

うさ美：会話はしばらくしてませんでしたし、中学生だったので相手がいやがることをしちゃったりしてました。いろいろ。

古家：そういうことよく覚えてるね。

うさ美：はい。罪悪感がすごいので自分でやったこととか、いやなこととか全部覚えていて、人にいやがらせとか、いやなことはしたくないなって。

古家：里志さんはどうだった、ここに来たとき。里志さんはまず家からここに来たの？

里志：はい、実家から。

古家：それまでは一時保護だったの？

里志：一時保護でした。一か月児相にいました。

古家：一か月もいたんだ。そして、ここを紹介されたの？

里志：そうですね。「里親さんに決まりました」って言われて、「えっ」ってなって、「お母さんどうなるの」ってなりました。

古家：そういうもんなんだね。

里志：だって何も知らされてないんですよ。

古家：「あなた里子になりますか、どうですか」って聞かれないで急に言われたんだ。

里志：自分勝手な児相だなって思いました。「里親さんに決まりました」って言われて、「じゃあ、今から里親さんに会いに行きましょう」って言われて、「はっ」みたいな。

古家：そしてここに来たわけ？

里志：はい。
古家：そのときは誰がいたんだっけ？
里志：まずうさ美ちゃんが出迎えて、蒼もいて。
古家：直接ここに来たんだ。むぎのこじゃなくて。
里志：シモさんの家に来る前に麦の子ビルで会話しました。三回くらい会って。
古家：最初はこちらから、私たちが児相に挨拶に行くけど、そういうことなしに。
里志：まず慣れてもらおうと思ったのかな、むぎのこの空気ってどんな感じか。
古家：それで麦の子ビルで。
里志：最初ちょっと怖かったんですよ。下川さんってどんな人なんだろうって。もしかしてこの笑顔の下に何かあるんじゃないかって思いながら。でも会ってみたらそんなことなくて。でも、殴られたらどうしようとかずっと考えてました。親がそうだったので。
古家：親はちょっとしたことで殴ってたの？
里志：いや、まあ、精神病をもってたので、だから八つ当たりみたいな感じで。
古家：そしてすぐ決めたの。あっ、もう里親決まりましたって言われたから、自分で選択できないんだ。
里志：そうです。でも、今思えばそれでよかったと思うんですけど。

古家：それですぐ来たの。それとも、その見学に来た何日かあとに来たの？
里志：そうですね、二月五日に来たのは覚えてます。そこで初チェリー（チェリーブロッサム：放課後デイサービス。不登校の子どもの学習支援）して。
うさ美：それで会ったね。
古家：そこで会ったんだ。
里志：そこでいろんな人に挨拶して、自己紹介して、ああ、怖かったみたいな感じで。自分三年ぐらいひきこもってたので、人と会うとかすごく抵抗あって、この人たちは今俺が話してるとき、どんな気持ちで聞いてるんだろうかとかって思ったりして。
古家：ずっと三年間家にいたの。学校行かないで。
里志：はい。時々中学校の先生に「たまには来なよ」って言われて、個別で勉強をちょっと教えてもらったりしてました。たぶんまったく出なくなったのは三年生の前半で学校は行かなくなりました。
古家：それでどうだった。今までの人生と里子になった感じは。急に環境変わったじゃない。
里志：そうですね。まずその自分という人間を受け入れてくれるかどうかって感じでいっぱいでした。自分ってとにかく変なんですよ。
古家：どこが変だと思うの。一番変だと思うところは？

里志：一番変だと思うのは、やっぱりまわりの認識してる性と違うから、自分はトランスジェンダーだから、まわりからしたら変なのかなあと思って、前に結構変人扱いされてたので。
古家：中三まで？
里志：はい。なので、こんな自分受け入れてくれるのかなって思ってましたね。
古家：どうだった？
里志：でもシモさんとも面会したときに、自分こうなんですよって言ったら、「あっそうなんだね」って意外にサラッと話を飲みこんでくれて、だからそのときは、「おっ、意外とサラッ」って思って、その後、家に入ってからその訳も説明して、で、「名前呼びどうしようか」って言われて、自分の呼ばれたい名前あったんだけど、ちょっといろいろあって、だから今「里志」って呼ばれてて。
古家：ただの名前じゃんて感じ。
里志：あと、困ったときは友だちが助けてくれてたり、身の回りのことも家族とかむぎのこの人も助けてくれるので、そのときは学校生活もよかったです。
古家：一番困ったときってどんなときだったの？
里志：パニックになったとき。
古家：学校で？

里志：学校だけじゃなくて、いろんなところで、室内とか電車内とか。学校の中で突然パニックになって過呼吸になって頭真っ白になって、何がなんだかわからないとき、自分ではよくわかんないけど誰かに電話して「助けて」って言ってるときに、何度か苺さんが「大丈夫だよ」って落ち着かせてくれました。

古家：今は新しく専門学校行ってるじゃない。

里志：専門学校ではパニックないです。むしろなんか楽しいというか、新鮮なものがありすぎて意欲的に取り組めてます。

古家：一番最近は、いつパニックになったの？

里志：むぎのこでの専門学校生の入学式のときです。

古家：自分ではパニックになった原因わかるの？

里志：はい。自分男性用のスーツ着たんですけど、他の男性の友だちのスーツ見てたら急にうらやましくなっちゃって。

古家：違ってたの？

里志：骨格が違ってて、それでうわーってなって、訳もわからずパニックになって、自分ってなんでこんなに中途半端なんだろうって思いながら、誰かにどうこう言われるのもいやになって、早く家に帰りたいってなったんだけど、なかなか帰れなくて、どうしようってうずくまってたら、シモさんに「こら、里志行くよ」、ベーンって肩叩かれて、俺びっくりして。でもやっぱ人に触られるがいやだったので、びっくりしたけど、「もう、シモさんスキンシップするなよ」と思って、家帰ってからも悲しんでました。その後、苺さんとか友だちに、「こんなことあってつらかったんだ」って相談して何とか心がすっきりして、「まっいっか」ってなりましたね。

古家：そっか、「まっいっか」ってなったんだね。

苺さんは何歳のときに東さんの家に来たんだっけ？

苺：何歳だっけ、高校入るとき。昔のことあまり覚えてない。

古家：三歳くらいから来てたよね。覚えてる？

苺：私は覚えてないけど、ママが。

古家：ママに最近会ったの？

苺：最近ブラックベリーの前で会ったりする。

古家：何か言うの？

苺：目を合わせたけど無視された。

古家：わざわざ会いに来てるのに、顔だけ見たいのかな。

苺：わかんない。

古家：会いに来るんだから、だけど会話はちょっと難しいのかな。そんなときどんな気持ちなの？
苺：ちょっと怖いなって。
古家：ちょっと怖い感じか。そういうとき、東さんブラックベリーに迎えに来てくれるの？
苺：いや。
古家：ひとりで帰ってるの？
苺：そう、ひとりで。ほとんどひとりで帰ってる。
古家：そうなんだ。だけど会ってもそこでお別れ。
苺：うん。無視、自転車こぎながら無視されてる。
古家：ママが自転車で来てるの？
苺：うん。
古家：そっかそっか。けど顔見に来てるんだね。どうしてるかなって思って。それは誰かに話したの、ママと会ったよって。
苺：東さんには話したけど、「やっぱ寂しいんじゃないの。会ってないから」って。
古家：そうかもね。
苺：でもなんでハーベストの近くにお母さんいるんだろうって。

古家：そうだね、やっぱり会いたいなって思ってるのかもね。

苺：そうなのかな。

古家：だけど、お話したくてもどんなふうに会話したらいいかわかんないのかも、きっと。でも顔見たら安心してるかもね、苺ちゃんが元気だから。

東さんとの暮らしはどう？

苺：悪いです。

古家：どんなふうに悪いの？

苺：とにかくうるさい。

古家：うるさいんだ。どんなことがうるさいの？

苺：勉強のこととか。

古家：勉強のことも言ってくるの。どこまでわかってるのとか？

苺：「大丈夫かな」って、「苺ちゃん勉強できるの」とかって、すごい心配されて。苺が「できるって、大丈夫だって」って言うんだけど。心配してくれるのはいいけど、そこまで言わなくても。

古家：そうだよね、自分の心配だけだよね、それだったらもうちょっとモチベーションアップする言い方してほしいよね。東さんに伝えておくね。古い仲だから。

あとはどう。東さんのところで暮らしてみて、予想してた暮らしと実際はどうだった？
苺：東さんもそうだけど、愛子ちゃんがちょっと。
古家：愛子ちゃんか。
苺：愛子ちゃんがすごい話してくる。
古家：愛子ちゃんが話してくるの。前は無口だったでしょ。
苺：無口だったけど。
古家：おしゃべりになったんだ。
苺：苺が疲れてるときすごい話してくるし、お願いだからもう寝かせてって、眠いのに寝かせてくれなくって。
古家：じゃあ、それは東さんに聞いてもらおう。東さん聞いてくれてるのかな。
苺：たぶん大丈夫だと思う。
古家：今、専門学校はどう、予想してたのと実際は。
苺：友だちできた。
古家：友だちできたんだ。(むぎのこから行っている)三人とも違うクラスなの？
うさ美：苺と私は同じクラスで、よし子が隣のクラス。
古家：何クラスあるの？

うさ美：二《ふた》クラス。
古家：そっか、そっか。
古家：よし子ちゃんは覚えてる。むぎのこ時代。
よし子：ほとんど覚えてないです。
古家：小学校のとき、お父さんがずっと学校一緒に行ってたの覚えてる？
よし子：それは覚えてます。
古家：学校の先生にほめられて、だんだんよし子ちゃんが手がかからなくなったから、いろんなこと手伝ってもらってますって、学校の先生に言ってた。そして昼間はよし子ちゃんについて、夜はグループホームの仕事に行ってた。だからすごい働いてたよね、お父さん。
よし子：そうですね。今もなんか夜勤とかやってるみたいで。
古家：今も家に帰ってるの？
よし子：はい、たまに。
古家：どれぐらい帰ってるの？
よし子：一週間のうち土日に帰ってます。
古家：何歳のときに里子になったんだっけ？
よし子：たぶん三歳ぐらいのときかな。

古家：そんな小さかったんだ。
よし子：だから、そのときの記憶が全然ないです。
古家：今まで一番つらかったことってどんなことだったの？
よし子：あまりなかった。ところどころしんどかった時期があったけど、つらいかって言われると別にそんことない。
古家：ところどころしんどかったって、どんなとき？
よし子：高校三年生の進路決めのときとか。
古家：悩んだ？
よし子：はい。あとバレエのとき。
古家：バレエやってたっけ？
よし子：はい、小学六年生まで。
古家：バレエはつらかったの？
よし子：バレエがつらかったわけではないですけど、気持ち的にしんどくなった時期はあったかな。やり方がすごい怒鳴るタイプの先生で結構しんどくて。
古家：よくがんばったね。
よし子：あと、余市の早起き（北星学園余市高校の通学）がしんどかったですね。

古家：余市の早起きね。よく行ったね。

よし子：しんどかったことだけど、悲しい思いしたってことはたいしてなかったです。

古家：北星余市の暮らしってどんな感じだったの。よし子ちゃんにとってどんなところだった？

よし子：学校は学校だから学校以外にたとえ方がわからない。ふつうの学校とそんな変わらない。先生との距離が近いくらいかな。それ以外はそんなに。すごい髪の色が奇抜な人いるなぐらいに思ってましたけど。

古家：うさ美ちゃんとかどう。学校どうだった。今、よし子ちゃんが先生との距離が近いくらいであとはふつうの学校と同じくらいかなって言ってたけど。

うさ美：私、小中学校全部不登校だったから。

古家：不登校だったんだ？

うさ美：余市はなんか、すごい手厚いなとか、困ったとき助けてくれるなとか、何だかんだ言ってクラスの人もすごいやさしかったし、そこで人とのつながりとか、やさしさとか知れていいところだったなって。今、専門学校にいるけど、やっぱり余市のほうが楽しかったなとかって、初めてそんなこと思ったりするような場所だったと私は思います。

古家：里志さんは？

里志：北星余市の印象ですか？

古家：ずっと中三まで不登校だったけど。

里志：なんか、青春できたなって。やっぱ、学校で青春できたなって思えたのが、三年生になってからなんですよ。三年生になってから、学祭の準備期間とか、合唱コンクールの練習のときとか、あと放課後の時間とか、すべてがすごいと思って。なんか刻一刻と最後のときまで流れてきているんだと思って。みんなが情熱を込めて歌の練習をしてると思ったら、「わあ、青春だ」ってなって。それで高校が一番楽しいかもしれないなって思ってて、だから専門学校に入ったらもっと楽しくなるだろうなって思いながらいました。北星余市は先生もいい先生ばかりだし、ヤンキーっていう見た目が怖いだけで、でも人は見た目だけで判断できないなってこともわかりました。「俺、強いよ」って言ってる人も、実は心のどこか弱かったりとか、そういうなんかかわいいところがあったりして。みんないい人ばっかりなんだなと思ったりしました。悪い人、難しい人は退学していくんですけど、でもいい人ばかりで北星余市通えてよかったかなって思いました。

古家：苺ちゃんはどう。高校はどんな感じだった？

苺：学校、楽しかったです。

よし子：高校三年生のときのビッグイベント（北星祭）でつくった明石焼きがすごいおいし

かったです。明石焼きって、関西のほうにあるたこ焼きみたいな食べ物で、たこ焼きをだし汁で食べるって感じで、本当においしいんですよ。
古家：クラスは地味だったの？
よし子：いいえ、すごいうるさいクラスでした。
古家：そん中によくいられたね。
うさ美：うさ美は、高校生になったことで、今まで接点なかったけど、よし子とすごい仲良くなれて、よし子とは今でもずっと仲良しのいい親友で、すごいいい時期だったな。
古家：すごくいい高校時代だったんだね。いろいろ教えてくれてありがとう。
うさ美：はい。ありがとうございます。
古家：また機会があったらいろいろ聞かせてくださいね。今日はありがとうございました。

パートⅢ　ユキ物語——里親になった北川園長

最初の出会い

初めてユキちゃんに会ったのは、二十年前の春。その日のことは今でも鮮明に覚えています。大きな体をしたユキちゃんのお母さんは、表情があまりなく、むぎのこに来るのもやっとという感じでした。横に無表情でお話をしないもうすぐ三歳になる小さな女の子がちょこんと座っていました。もうひとりその隣には、定時制高校に通っているというお兄ちゃんが、季節に似合わない厚着をして、「ここはどこなんだ」「どんなところなんだ」と疑うように睨んだ顔をして座っていました。

三人を連れて来てくれたのは、後に児童相談所の課長さんになっているケースワーカーのAさん。若かりしころのAさんは、ほとんどしゃべらない三人の代わりに「ぜひユキちゃんをむぎのこに通園させてください」と笑顔で積極的に話していました。このAさんのソーシャルワークが運命を決めたといってもよかったでしょう。

お母さんは、子育てすること自体が大変そうでしたが、ユキちゃんを大切に思っていることは伝わってきました。眠んでいたお兄ちゃんも、この妹を大事にしたいという思いが感じられました。

ふたりの様子を感じ、家族支援は必要になると思うけれど、ユキちゃんを受け入れることにしました。そのときのユキちゃんの印象は、お話をしないおとなしいこけし人形みたいなかわいい女の子という印象でした。

通園がはじまる

ユキちゃんの通園がはじまりました。初めはお母さんと一緒に来ていましたが、お母さんは人の中が疲れるのか、事務所でよく休んで寝ていました。そのうちユキちゃんの通園が安心だとわかると単独での通園がはじまりました。むぎのこは、お子さんの状態や家族の様子で、十時からの療育で、一時帰り、三時帰り、五時帰りと帰りの時間が分かれています。家族支援の必要なユキちゃんは、毎日五時帰りでした。

しかし、家に帰る五時になるとお母さんから電話がかかってきました。「ご飯を食べさせてくれませんか」。その電話に対しては、「もちろん、いいですよ」とお返事しました。そうして毎日夕食をむぎのこで食べて帰る日が続きました。そのうち「ご飯を食べて九時くらいに帰してほしい」との電話がかかってきたので「いいですよ」と、それから毎日九時帰りが続きました。九時というのは、お兄ちゃんが、定時制の学校から帰る時間だったようです。

それからしばらくすると、「泊めてもらえないでしょうか」と電話がかかってくるようになりました。そのころのむぎのこはまだまだ小規模で家族的でした。そのため職員に話すと、「いいですよ」と何人かの職員が手を挙げくれました。そこでユキちゃんは、南先生や三橋先生の家に泊まり、時々私の家にも連れて帰ったりしました。このように毎日のように職員の家に泊まることが多くなりました。

ユキちゃんは、だいぶ経ってお話できるようになってから、「ミナミせんせいの家は、ナットウゴハンばかりだった」と内情を話してくれたのにはびっくりでした。

このままではいけない

お母さんの体調が悪く、ユキちゃんは毎日どこかの職員の家に泊まる日々が続きました。これまでお母さんの代わりに育児を担ってくれたお兄ちゃんは、育児から少し解放されたのはよかったと言っていました。今でいうヤングケアラーのお兄ちゃんでした。

でも、毎日泊まる家が変わるのは、幼児期のユキちゃんにとってよくないと思い、お母さんとお話しすることにしました。

この間お付き合いする中で、お母さんがかなり大変な状況で重いうつ病を患っていることがわかりました。家庭訪問すると家中たくさんの服や物であふれていました。これはかなりの大掃除が必要でしたので、職員がみんなで土曜日にお掃除に行きました。お風呂も使えるような状態ではありませんでした。そのため、お母さんもしばらく髪を洗っていないようでした。お母さんに聞いて、知り合いの美容室に行くことに決め、シャンプーをしてもらいすっきりしました。そのように生活や暮らしそのものが大変そうでしたので、お母さんに入院治療を勧めました。

「入院をして、治療するとかなりよくなって、ユキちゃんの子育てもできるようになるのではないかな。お母さん、考えてみてくれない」とお伝えしました。

しかし、お母さんは首を縦に振ってはくれませんでした。「入院だけは、絶対いやです」とかなり強い拒否でした。

理由は、「過去に入院していやな思いをしたのと、入院したらユキに会えなくなる。遠くの施設に入れられる」ということでした。

私は、「そうだったのね。それはいやだよね。でも最近の精神科はとても患者さんの立場に立ってくれるよ。もしよかったら、私からもお母さんの気持ちを大切にするように病院にお願いするから。それから、ユキちゃんは施設ではなく、児童相談所に里親委託にしてもらおうと思うの。そうすれば、このまま環境を変えないでむぎのこに通えるし、お母さんにも毎日面会できると思うよ。私から児童相談所にお願いしてみるから」。そして、たまたま施設に行った他の子どもがこの地域に戻ってこられるように、里親の資格を私が取っていることもお伝えしました。そう言うとしぶしぶですが入院に同意をしてくれました。

里親か施設か

お母さんに里親の約束をしたものの、今から二十年近く前のことです、当時の社会的養護の考え方は施設養護中心でした。

そこで今のユキちゃんの置かれている状況を児童相談所にお伝えして、お母さんがうつ病の治療をしないと子育ては難しいこと。高校生のお兄さんもがんばっているけれど知的障害があることもあり、子育てできる状況にないこと。そのためお母さんが入院に同意してくれたことを伝えました。そのうえでユキちゃんにとっても日中の環境も変わらない、お母さんに毎日会いに行けるというお母さんの希望で里親委託でお願いしたいとお伝えしました。

しかし里親委託は簡単なものではありませんでした。今は民間やかかわる里親の意見も聞いてくれるようになりましたが、当時は児童相談所で決める措置権はとても強く、措置決定は鉄のカーテンのようにまったく見えない状況で決められるという感じでした。

今ではすんなりと里親委託になる時代ですが、当時は相当な努力のいる時代でした。私も若かったので、児相の事情を推し量ることなく、「子どもの最善の利益のために里親にしてください」とかなりお願いしたのを覚えています。

あまりにうるさく言ったせいか、最後には里親委託となりました。でも本当によかったです。

里親委託になって

仕事をしていた私は、毎日ユキちゃんをむぎのこに連れて来て、仕事が終わったら家に帰るという共働きの里親でした。

私は実子のときも同じように仕事をしながら保育園に預けて子育てをしていました。保育園に教えてもらったことも多く、私にとってはごくごく当たり前の子育てスタイルでした。

今では、里親も共働きやシングルマザーの里親さんが増えてきて、国も奨励していますが、当時は日中働いている里親さんは少なく、里親会などに時間的にも参加できないし、里親さんとのつながりをもつのが難しかった時代です。

それでもユキちゃんは、毎日お母さんの入院している病院に行けたので、里親委託になって本当によかったと思います。三歳のお誕生日をお母さんの入院先で、ケーキにろうそくを立ててお兄ちゃんも一緒にお祝いすることができましたし、お母さんもユキちゃんのために、治療をがんばろうと運動療法など積極的に取り組んでくれました。

お兄ちゃんも、お母さんが入院し、ユキちゃんが里親のわが家で育てられている間は、食事など援助を受けながら定時制高校へしっかり通学することができました。

お母さんの事故

三か月後、お母さんがようやく退院しました。お母さんは、明るくなり笑顔が増えました。体型もずいぶんスリムになり体の動きも速くなりました。しばらくは通院しながら、ユキちゃんを引き取る準備をしていました。その間も母子通園に参加して、ユキちゃんとのかかわりを一生懸命とってくれていました。

ユキちゃんを引き取るための準備をしていた間、お兄ちゃんは自動車学校へ通っていました。雪が激しく降っていた二月のことです。いつものようにお兄ちゃんの自動車学校が終わるのを待っていたお母さんは、向かいにあったお餅屋さんに寄って、自動車学校に戻る帰りがけに買ったお餅を食べて歩いていたところ、喉に詰まらせてしまい、その場に倒れてしまったのです。その後救急車で大学病院に運ばれましたが、かなり長い時間呼吸ができなかったので、意識を取り戻すのが難しい状態でした。何とか状態が落ち着きましたが、それでもなかなか意識の回復が難しく、他の病院に転院となりました。

それから三か月の間、週に一、二回ユキちゃんを連れて、お母さんが入院していた病院に会いに行きました。しかしお母さんは意識が戻ることがなく、五月の晴れた日に肺炎を併発して息を引き取り天に召されてしまいました。

お葬式は、親戚の方にもご相談して、むぎのこでお世話になっていた教会でやっていただきました。ユキちゃんはまだ三歳でしたが、お母さんと最後のお別れには全部参加しました。最後のお骨拾いのときだけは、泣いて離れたいと訴えてきたので離れると、ユキちゃんが突然「おふねが、ぎっちらこ」と歌いはじめたのです。

重いうつ病でユキちゃんとかかわるのが難しかったお母さんですが、お船のリズムのときは、ホールに来てユキちゃんを抱っこして少し体を揺らしてくれていました。こんなに幼い子どもであっても、お母さんにやさしくされたことは、本当に大切なかけがえのない時間としてユキちゃんの心と体に刻まれていることを感じて私も泣けました。

ユキちゃんを育てるときの最初の思いは、お母さんがいてお預かりするかたちで里親をするということでした。ですからお母さんが亡くなって、「成人になるまで育てること」と「障害のあるユキちゃんを育てられるか」、今度はその責任の重さを感じました。

その時点で私は十五年以上障害のある子どもの支援をしていました。でもユキちゃんを大人になるまで育てることになったときに、なぜか涙が出て止まりませんでした。

まわりの同僚は、そんな私を見てまったく否定することなく、「突然このようなことになってしまい、気持ちの整理がつかないよね」「そうだよね」と寄り添ってくれました。三日間ぐらいは、これからのことを頭に思い浮かべ考えるたびに涙が出てきました。

しかし三日目の朝になって突然「この子を育てよう」という気持ちになって、覚悟を決めたことを覚えています。泣くのもやめです。そして、私の家族や子どもたちもこの間の経過は知っていたので、きっと大人になるまで育てることとなることをみんなに伝えました。

むぎのこでの生活

ユキちゃんは、少しずつ友だちとも遊べるようになって、毎日先生や友だちと一緒に、リズム、泥んこ遊び、プール、山登り、そり滑りなど子どもとしての楽しい経験を積むうちに、言葉が単語、二語文、三語文、会話と意思表示ができるようになってきました。強い要求はなかったのですが、自然なかたちで一緒にいたら膝の上に乗ってきて、甘えることも多くなり、よく考えて行動する頭の良い子どもでした。全体的に言葉が遅かったりしていても、生活のやりとりの中では賢さが感じられる不思議な子どもでした。

年長の発表会のときがきました。今は大学生になっている友だちやむぎのこで働いている友だちと一緒です。心の弱さや発達の困り感を抱えていた子どもたちでしたが、心やさしい子どもが多かったので、マルシャークの『森は生きている――十二月のものがたり』の劇をすることになりました。わがままな王女様、兵隊、村娘、十二月の精など、子どもが希望する役を取り入れて配役が決まっていきました。ユキちゃんは、村娘のお姉さん役でした。友だちは、何度か練習をしたりしているうちに楽しみながら演じていきました。でもユキちゃんだけは、みんなの前に立つと泣いて泣いていやがりました。これまでこんなにいやだと泣いたことはほとんどありませんでした。劇の練習がはじまるとユキちゃんは、泣いてセリフが一言も言えませんでした。私はナレーターをやめて、ユキちゃんの後ろに立ち一緒に参加しました。練習が終わると「明日はできるかな」と近くのミスタードーナツに行ったり、お兄ちゃんに来てもらって励ましてもらったり、あの手この手で、何とか舞台に立ってセリフが言えるようにならないかと工夫しましたが、練習をするごとに難しいという感じになりました。

むぎのこは、そのころお母さんも一緒に来ることが多く、「園長の育てている子どもなのにできないなんて、うちの子はできているわ」みたいな視線を感じ、私もつらさを覚えました。今では笑い話ですが、そのころのお母さんたちに聞くと、まだ一般的な価値観で子育てしていた人が多く、いわゆる白い目で、実際できない私を見ていたとのことでした。

そうしているうちに発表会当日。私も無理と判断して、「泣いてもいいよ」「ママが一緒に舞台に立つから」と覚悟を決めました。そしてやはり当日も泣きながら自分の足を私の足の上に置き舞台に立ちました。そしてユキちゃんのセリフは私が言いました。そしてこっそり「ユキちゃん、いいよ。ここに立っているだけでがんばっているよ。すばらしいよ。いいよ、いいよ」と耳元で励ましていました。無事発表会が終わりユキちゃんもすっきりして、「がんばったね」とお祝いパーティーを楽しみました。

その後、不思議なことにユキちゃんは、自分が泣いて舞台に立っている姿のビデオを何度も何度も繰り返して見ていました。そして、ボソッと「よかった」と言っていました。この「よかった」という意味は、終わってよかったのか、ママに励ましてもらってよかったのか定かではありませんが、うれしそうにビデオを見ていました。

この話を当時定期的に通っていた札幌市立病院静療院（現札幌市子ども発達支援総合センター・ちくたく）の黒川先生にすると、「できるできないではなく、気持ちを出せてよかったね。ママに励ましてもらってよかったね」と言ってもらいました。ユキちゃんは「うん」とうなずいていました。私も先生のやさしい言葉に涙が出ました。

子育ては大変なことが多いけど、親もこんなふうに時々励まされて、自分を振り返り、またがんばろうという気持ちになれるとつくづく思いました。発達に心配のある子どもを育てる親でなくても、定期的に子育ての報告に行って、励ましてもらえる場が必要ですね。

発表会のことがあったので、卒園式は大丈夫かなと心配しましたが、リズムを思い切り友だちと一緒におこない、ユキちゃんの目に自信を感じることができたすてきな卒園式となりました。私は、そのとき、言葉ではない体で表現するバレエがユキちゃんには合っているような気がして、当時のスワンカフェ＆ベーカリーの近くにあったバレエ教室だと安心なので、ユキちゃんと相談して通うことにしました。バレエは中学生になるまで続けて、学校、家庭、むぎのこだけではなく第四の居場所としてお世話になりました。そこではバレエだけではなく、髪を自分でアップにしたり、衣装やトウシューズを針と糸を使って縫ったり、お掃除、挨拶など、いろいろな大切ことも身につけさせてもらいました。先生にはバレエを通しての厳しさとその中にある愛情を感じることができ、大変お世話になりました。

小学校時代

順調にいっていた小学校生活でしたが、下の里子のルカくんが入学した私立の小学校の行事にユキちゃんが何度か行っているうちに、五年生になってその私立の小学校に「転校したい」と言い出したのです。

今の公立の小学校の先生にも大変お世話になっていたし、何も問題がないのに転校するとは と反対したのですが、普段はそうでもないのですが、いざとなると言い出したら聞かないところがあるユキちゃんです。通っていた公立の先生、校長先生に頭を下げて私立の試験を受けることにしました。

私立の校長先生も、「ここの学校に来たいと思って転校しても、いざ学校生活を送ったらいろいろなことがあっていやになることもあります。そのとき、お母さんが言ったから転校したというのではなく、自分の意思でここに来ることを決めてください」。五年生の子どもに子ども扱いすることなく尋ねました。「自分の意思で転校しますか」。まるで結婚式のときの契約のようでした。子どもに対してもこのように意思を大事にして責任を持たせるという教育者の原点を見たような気がします。後に学校がいやになったときに、この校長先生との約束は生かされました。

中学校時代

ユキちゃんは、道外の私立中学校に行きたいという意思を伝えてくれました。しかし児童相談所に相談したら、里子だから里親と離れるのは難しいとのことでした。本人は行きたかったのですが、何とか説得して地域の公立の学校に入学しました。中学校も、バレエも、むぎのこでの友だちとの関係も、勉強なども順調だったのにもかかわらず、ユキちゃんは、中一のクリスマスくらいにやはり道外の中学校で勉強したいと言い出しました。

一回目は我慢させた経緯があり、今回は二回目ですから、さすがに本気だなと感じ、「これは本人の意思を大切にするしかない」と思いました。

そこで行けるかどうかいろいろな方に聞きました。厚労省の方は「児童相談所が許可をしてくれたらいいですよ」と言ってくれました。全国にいる知り合いの児相の関係者や社会的養護の関係者にも聞いてみました。「本人の意思尊重は大切。寮に入っても帰ってくるのは北川さんの家だから大丈夫」と言ってくれました。最近になって子どもの権利という言葉がよく聞かれるようになりましたが、その言葉の出はじめのころでした。

それで思い切って札幌市の児相にお願いに行きました。担当ケースワーカーがどんどん変わり、これまでの経過もあまり知らない方になっていました。そこでユキちゃんもなぜ行きたいかということを手紙に書きました。

しかし、「里親をしているのに、遠くの寮に入れて育てないのは里親制度として認められない。高校生なら例はあるけど、中学生はできません」。担当ケースワーカーだけではなく、上司の方まで出てきて認められないの一点張り。昔、保育園に子どもを預けて仕事をしている親に対して、「自分の子どもを見ないで保育園に預けて働くなんて」という時代からのプレッシャーがありましたが、まさに里親として子どもを寮に入れるなんてありえないという価値観でした。ちなみに当時里子は海外留学もできませんでした。

里親である私もできれば地元の中学に行ってほしいのですが、ユキちゃんの強い思いにお願いしているのに、本人の意思だとかは考慮してくれませんでした。本州なので夏休みも長いし、寮生活なので七時間授業もあり、秋休みなどふつうの中学校よりも休みが多く、帰省でわが家に帰ってくる日は年間約三か月もありました。それなのに児相の方は、「そこまでしたいなら養子縁組したらいいではないですか」と、養子縁組しないあなたが悪いという感じでした。そのうえ「どうしても行かせたいなら、里親委託は切れます」「未成年後見人のあなたが面倒見るべきです」と言うのです。未成年後見人について調べたら弁護士さんがなっていることも多いですが、社会的養護の子どもは施設で見ていることがふつうで、法的な親権者であるけれど、実際に弁護士さんが育てているわけではありません。

この論法は上から目線でお役所的で、子どもの気持ちに寄り添うことが感じられない話し合いになりがっかりでした。七年前のことですが、そのころと今では大幅に考え方が変わって、里子の権利や意思が尊重されてきています。制度や考え方が変われば、行政の考え方も変わります。

そこで私は、ユキちゃんの二年越しの思いと児相の判断に、措置をやめて（私が勝手にやめられないのですが）道外の私立の中学校に行かせるしかないという判断をしました。その結果、里親委託が切られました。今考えると、児童福祉審議会に申し立てとかすればよかったのですが、当時はあまりよく理解していませんでした。でも、ユキちゃんの両親はいないし、ふたりいるお兄ちゃんは障害があって育てられないという社会的養護の状況は変わらないのに、里親委託を切る判断を児相がしたのはとても残念なことでした。しかし現実的に生きていかなければなりません。ユキちゃんの意思を尊重するためには児相の判断を受け入れるしかありませんでした。ただ、里親委託が切られたときに、私の健康保険に入れないで、大人に守られないで十四歳で国民健康保険にひとりで入らなければならない状況とその制度には涙が出ました。そしてユキちゃんは、みんなに見送られて旅立っていきました。

一方でよかったこともありました。十四歳ですから自分の身に起こったことはすべて理解していました。児相の面談にも一緒に行きましたから、「児相がここまでダメと言ったことをママががんばってくれた。私の気持ちを大事にしてくれた」と思春期の難しいこの時期、私との気持ちの絆が深まったというプレゼントがあったことです。

私立の中学校の学費や帰省のための交通費は私が負担しようと思っていました。でも、入学してからですが、厚労省の里親専門官に相談したところ、もしかしたら遺族年金が適応されるかもしれないとアドバイスをいただきました。お母さんはかなり生活に困窮していたし、生活保護を受けていたので国民年金に入っていなかっただろうと思いましたが、調べてみると停止届を出してくれていました。そこで遺族年金を申し込むことにしました。しかし亡くなったときに同居していなければならないという条件がありました。それは、社会的養護で施設や里親に措置されていた子どもは、親が亡くなっても遺族年金の受給対象にはならないということでした。そこで年金の担当者に、お母さんには引き取る意思があり、退院後もむぎのこに家庭引き取りのために母子通園し一緒にいたことなどを証明するために、児童相談所に当時のケース記録の書類を取り寄せたりして再申請しました。担当の方の理解もあって、無事遺族年金の受給の資格が取れましたが、遺族年金受給に関しては社会的養護の子どもに不利なので考える必要があると思いました。また、親が亡くなって社会的養護になった場合、児相が遺族年金のことやその手続きなど、ソーシャルワークとして知っていてほしいと思いました。

寮生活

たくさんの先生たちにお世話になりました。寮生活は集団生活で人間関係もとても近くなるので、友だちとうまくいかないこともありましたが、寮の先生が気持ちを聞いてくれたり励ましてくれました。おかげで卒業のころには友だちともずいぶん仲良くなったようです。その間の気持ちの支えは保健室の先生にずいぶん話を聞いてもらったことだそうです。そして校長先生はじめ担任の先生から食堂の調理の方など、かかわる人みなさんが大家族みたいに、親身に人としての教育してくれました。そのようなあたたかい環境の中、朝六時の礼拝からはじまり、一日の生活で寮にいる時間が短いのと、たくさんの寮生がいるので、空いた時間で洗濯の時間をとらなければなりません。その他にも、自分の部屋の整理整頓、学校、勉強、ピアノ、バレエなど、おかげで二年間は中身の濃い充実した時間を過ごせたと思います。

残念ながら勉強はあまり得意ではなかったので、同じ学校の高等部へは進まず、札幌に戻り北星学園余市高校（以下、北星余市）を受験することにしました。短い二年間の道外での中学校生活は、ひとりの人として自律し、人間関係も全国から来たさまざまな方々と一緒に生活する中で他人にやさしく配慮できるようになり、心も体もたくましく成長して帰ってきました。

札幌に戻るまでの二年間、夏・秋・冬・春といつも帰ってくるのは、もちろんわが家でしたが、はたして札幌に戻ったとき、児相が正式にまたわが家に里親委託をしてくれるのか心配でした。最後に決めるのは、児相ですから。

私が働いていることなどが原因で、他の里親さんに委託されたらどうしようと一抹の不安がありました。そこで児相には、事前にユキちゃんが戻ってくること、三歳からわが家で育っているこど、二年の間も帰る家はいつもわが家だったこと、もちろん本人が希望しているということを伝えました。

客観的に本人の最善の利益を考えても、わが家に戻ってこられると思いましたが、以前の里親委託を切られたことが少しトラウマになっていた私は、弁護士さんにも事情を話し、いざというときに助けに入ってもらえるようにお願いしました。これで決まらなかったら、児童福祉審議会に申し立てしようとも考えていました――以前措置を切られたときに制度を知っていれば使っていたかもしれないのがあらためて悔やまれました。

戻ってくるときユキちゃんの措置は、「忙しい北川さんにふつうは委託しませんが、この家で育ってきたということれまでの経過があるので里親委託します」というものでした。「ふつうは委託しない」とは言ってほしくなかったですが、結果的にユキちゃんが戻ってこられたからいいか、と納得して腹の虫をおさめました。

十四歳だったユキちゃんが国民健康保険にひとりで入らなければならない国って、何なんだろう。だからユキちゃんが病院受診に必要な受診券が戻ってきたときは本当にうれしかったです。これで国にきちんと守られる。そう思いました。でもやっぱり十四、五歳の身寄りのない子どもが国民健康保険にひとりで入るなんて――七年前のことですが、里子の権利も里親が守ってあげなければいけない時代だと思ったのを覚えています。今は、子どもの権利のワーキンググループなども立ちあがって、一気に時代の流れが変わった気がします。

こうしてユキちゃんは、むぎのこの小さいときからの友だちと一緒に北星余市に通学し、高校も無事卒業しました。措置延長、社会的養護自立支援事業と十八歳以降の支援も手厚くなり、系列の短期大学部に進学できました。短大では最後に福祉のゼミに所属し、里親制度のことを卒業のレポートに書いて、あらためて自分の生い立ちを振り返ることができました。

就職は一年間東京で美容関係の仕事に就きたいと、何度か足を運びましたが、納得するところと出会わず、最後の最後まで迷いながらも、小さいころからの友だちもいるということで、むぎのこに採用され、無事就職できました。わが家から車で十分くらいのところにマンションを借り、ひとり暮らしをしながら一生懸命働いています。そして週二回くらいは、ご飯を食べにわが家に来ています。

三歳のころには、こんな日が来るとは思ってもいませんでしたが、たくさんの人に支えられて、短大も卒業して就職し、小さなころからのわかり合える友だちと一緒に働いています。時には大変な仕事も先輩に支えられながらがんばっています。

自立とは経済面で安定することもあると思いますが、全部自分ですることではなく、頼れる人がそばにいて、自分で自分らしい暮らしをつくっていくことだとつくづく思います。いろんな人に愛されたおかげで自分と他の人を大切にできて、責任感をもち楽しい時間を過ごせる大人になってくれたのがうれしいです。

ユキさんから

今は社会福祉法人麦の子会で働いています。

里子として育ってよかったなと思います。たまに実のお母さんのいる人のことをうらやましいと思ったこともあるけれど、里親家庭で本当のお母さんという感じで育ってきました。

今回、私の物語を読んで、里親さんが陰で大変な努力をしてくれたんだなと思いました。子ども時代は楽しむだけでした。今、むぎのこで働いてみて思うことは、行事ひとつとっても先生方が準備を細かいところまで整えたり、食事の準備をする裏方も含めて、それぞれがみんなで協力するから子どもが楽しめるということを知ることができたということです。そして、働くためには苦手な人とも一緒に協力することが大切だと思うようになりました。

以下は、私が短大のときに福祉のゼミで里親制度について研究したときのレポートの一部です。

「社会的養護と里親」

（抜粋。表記は一部を除き原文のままです。）

2節　生みの親と育ての親による子育て

筆者自身、里子として育ち、祖母も里親に感謝している。実際に里親や実親は、里親制度をどのように考え、子どもを育ててきたのか。そして、実親と里親の子育ての協働や協力があるのか否かについて、疑問に思っていた。筆者自身の身近にいる里親

と実親に卒論の協力を依頼し、二〇一九年十一月十四日（社会福祉法人麦の子会）にインタビューを実施した。

●実親へのインタビュー

Q子どもを何歳で産んだか。

　二十歳の時に産んだ。

Q生まれてすぐ、どんな気持ちだったたか。

　元気に生まれてくれたのが良かった。

Q誰か近くに助けてくれる人や頼れる人はいたか。

　妊婦の時も生まれてからも、近所の人が声を掛けてくれたけど、「まだ首座らないの？」とか「まだ喋らないの？」とか赤の他人に聞かれるのがすごく嫌だった。否定的に言われたのが嫌で辛くなった。できないとダメなのかと思った。それもあり付き合いをやめた。Y君が二歳の時に引っ越してから、誰も知っている人がいない所に行って、引きこもるようになった。

Q育てて、嬉しいこと、辛いことはあったか。

　嬉しいことは、生まれた時や、ミルクを飲んでご機嫌だったり、お風呂も泣かないで、他の子は泣くと聞いたら楽だったと思った。ゲップをさせなかったけど吐かなかった。そもそもゲップをさせないといけないことを知らなかったけど聞いて知った。比較的楽だった。首が座ったとか、色んな事が一つ一つできた時。

辛いことは、泣く時。〇歳〜三歳の時、泣くから虐待しているのではないかと毎年一回通報された。二歳の時、イヤイヤ期で何してもお手上げで、気が狂いそうになった。子どもを連れて歩くのも怖かったし苦しかった。今なら、心配してくれたのかなと思うけど、もし今も育てて、通報されたら子どもが取られるのではないかと不安になり怖い。それがなかったら今も育てていたかもしれない。

Qどうして Y君を里親に出したのか。

最初は、里親に出すつもりで預けたわけじゃなかった。二週間だけ一時保護のつもりが、実親の体調が良くないと判断されて一時保護が続いて、二人でいるのも、育てられるか不安だった。里子に出したら自分のこと忘れられないか不安だった。けれど、Y君のために里親に出すことを同意し、里親の所に行った。一年間は何が何だか分からなかったけど、去年から子どもがいなかったらいないで、できることを探した。そして、社会に出ることにした。

Q里親に出した時の気持ちはどうだったか。

里子に出したら自分のこと忘れられないか不安だった。けれど、半年ぶりに会った時、忘れられてなかったことが嬉しかった。

Q里親に出してどうだったか。

初めは不安だった。時々会えなかったら寂しいけど、二年たって、いなくても社会に出ることができるようになったり、自由にさせてもらっていて、できることをやれているから良かった。今は預けて、外に出られるようになったり、他者との繋がりができて良かった。

Q里親のことどう思っているか。

自分の親と年が近いので競争しないで済んで余裕を持って見られるし、Y君は義理の親として見ていて、里親は普段から自分の子どももいるから、決まり事とかY君にもできている。同じようにしてくれているから頼れる存在である。

Q今後、将来、Y君を育てたいか。

いずれはもちろん育てたいと思っている。今は、文字通りに育ってくれているから、このまま育ってくれたらいい。

●里親へのインタビュー

Q里親になったきっかけはどういうことだったのか。

自分の子どもが重度の障がいで、十八歳の時にグループホームにはいったので、いろんな人に助けられて、お世話になったので、今度は自分がなにか役に立てることがないかと思い志望した。

Q里親になった良かったこと。

子どもが成長する姿が見られること、実親が喜んでくれたこと。

Q実親との協力態勢はあるか。

札幌市相談支援事業所の方と繋がって、家庭訪問したり、緊急報告してくれたり、こちらの行事（子どもの）を出られるようにしてくれたり、仕事のことも支援してくれている。子どもは実親に自分の願いを伝えることが難しい時がある。そういう場合は里親が実親に直接言うのではなく、児童相談所のケースワーカーさんに間接的に実親が傷つかないように伝言してもらっている。里親が行事の連絡をしたり、実親に会って近況を聞いたりしている。このことで、親しくなって、Y君を一緒に育てている。実親もY君が成長するのが楽しみで、成長する姿を見て元気になった。引きこもりがちだったけど、働いて、将来Y君と生活したいと思い頑張っている。

実親と里親のインタビューを通して、里親・実親が子育てをどのように考え、また、実親と里親の子育ての協力はあるのか、疑問に思っていたが、実親は里親に感謝していることが窺えた。里親が困難に感じる状況に関しては、相談支援事業所の相談員が実親の近況を聞きながら子どもに会えるように進めていることや、子どもは実親に自分の願いを伝えることが難しい時は、児童相談所のケースワーカーに間接的に実親が傷つかないように伝言してもらっていた。里親と関係機関は、実親が子どもを肯定的に受け止めることが出来るように配慮していることが分かった。更に、里親は相談支援事業所の相談員や児相のケースワーカーに実親が子どもの育ちを楽しみにしていることを伝え、協力者になってもらうように配慮していることも分かった。また、実親に会って近況も聞いていた。その結果、実親は子どもを可愛がることができるようになり、子どもも実親を慕うようになり、里親に感謝するようになったと考えることができる。つまり、関係機関の連携と里親の実親に対する細かい配慮により、実親も里親と協力しあえていると実感が持てているのではないかと思った。本インタビューは一例であるが、実親と里親の関係性のあり方を知ることができた。

むぎのこには、赤ちゃんから二十歳までの里子がいます。ここに来てから、自分を出せるようになった子どももたくさんいます。きっと今までつらい思いをしてきたと思います。ここの暮らしは、子どもを「そのままでいいんだよ」と肯定してくれます。大人になってから、むぎのこの里子になってよかったと思うようになると感じています。

第六章　むぎのこ版若草プロジェクト

児童相談所からむぎのこの里親とファミリーホームに委託される子どもが増えてくるとともに、子どもたちの抱える問題も多様になり、むぎのこの社会的養育の様相もずいぶん変わってきました。児童相談所の一時保護からむぎのこに来た子どもたちの多くは、いわゆる社会的養護児童で、むぎのこに来るまでに、すでに乳児院や児童養護施設などの児童福祉施設や他の里親家庭での生活を経験しています。なかには、施設での不適応や過去の傷つきの影響から激しい情緒的な問題が見られたために、精神科病院への入退院を繰り返したり、何度も施設や里親の変更を経験したりした子どもたちもいます。

むぎのこの里親・ファミリーホームに来てからも、こっそり抜け出していなくなったり、物を壊したり、暴力的になったり、さまざまな突発的な「事件」が起きたり、何が起こるかわからない波瀾万丈の毎日で、里親たちだけではなく、むぎのこの職員もみんな気の休まるときがありません。親支援や子どもの支援と同じように、里親だけでなく、むぎのこの職員や保護者の総力戦で対応することで、一つひとつの問題を乗り越えながら、むぎのこでの育ちを支えています。

あるとき、児童相談所からむぎのこに来た思春期の女の子ばかりが、何とかむぎのこで生活を続けていたのですが、とても不安定でたびたび大きな問題を起こしては、里親や職員がその対応に追われるような時期がありました。それがたまたま四人の女の子だったので、この子たちへのむぎのこを挙げた対応を、ルイザ・メイ・オルコットの『若草物語』にちなんで「むぎのこ版若草プロジェクト」と呼びはじめました。ここではそんな女の子たちのむぎのこでの暮らしを北川園長の語りで紹介します。

一　みどりさん

初めての出会いはみどりさんが中学一年生の夏のことでした。

里親会の用事で児相に行ったときに、里親の村山さんと古家先生が課長さんに呼ばれました。そして「みどりさんは、施設から何度か抜け出したため大学病院に入院し、その後一時保護所で暮らしている子ですが、これまでの経過から施設では無理なので、むぎのこのファミリーホームで養育していただけませんか」と言われました。

里親の村山さんは、「どこにも行くところがない寂しい子どもなんだ」と思い、同行した古家先生と一緒に気軽に「いいですよ」と答えたそうです。むぎのこのもうひとつのファミリーホームでもかなり暴力の激しい男の子がいて、みんなのサポートでだんだん落ち着いてきたので、サポート体制も今なら組めると、古家先生は思ったそうです。

九月になり、初めてみどりさんはむぎのこのファミリーホームであるガブリエルホームにやってきました。

私はちょうどその日、全国規模の研修会で札幌の児童相談所の所長さんと同じ研修のシンポジストでした。その研修が終わってホッとして話をしていたときに、「新しく来た子どもがいなくなりました」と村山さんの奥さんクルミさんから電話がありました。児相の所長さんに、「私もまだ会ってもいないのですが、今日児相から措置された子どもがいなくなったそうです。今、五十人体制で探しているとのことです」とお伝えすると、所長さんは「すみません。大変な子どもをお願いして」とおっしゃってくださいました。

私も捜索に出ないといけないと準備をしていたら、村山さんから見つかったと連絡がありました。みどりさんは、雨も降ってお腹もすいて眠たくなったので帰りたいと思い、自分から交番に入ったそうです。警察から電話があり、無事その日はガブリエルホームに帰ってきました。

このようにみどりさんとの出会いは、初日の雨の日の失踪からはじまりました。

実は、みどりさんは、一時保護所にいたときから、次の施設に入ったら、すぐにいなくなってやろうと考えていたそうです。私なんかもう行く場所がない、あっても厳しい施設だと思っていたのに、ふつうの家のファミリーホームと言われてびっくりしたそうです。施設ではなかったけれど、抜け出そうと心に決めていたので実行することにしたそうです。本当は、「悪いことをしたら、赤ちゃんのころから育ててくれた里親さんのところに戻れるかな」という気持ちがどこかにあったそうです。あとから考えると、こんなことしても自分の思いどおりにならないということは、だんだん気がついてきたとのことでした。

ファミリーホームは家だけど、知らない人しかいなくて、年上のお節介なお姉さんもいて居心地が悪いと感じたそうです。

「これまでの私は、やらかしたあとに罪悪感を感じて助けを求めてしまうんだよね」。

それからのみどりさんのガブリエルホームでの生活は、児相の許可をもらい鍵をかけるようにしたり失踪しないようにと対策をとりましたが、これまで二十回以上も飛び出しました。トイレの小窓、洗面所から、ホームを飛び出すのです。

あるときは、忘年会の最中でした。むぎのこの忘年会は市内のホテルでおこなわれ、職員や職員の家族、グループホームで暮らしている当事者の方々も参加して、総勢五百名以上にもなります。そのときもそのホテルからいなくなってしまったのです。

ホテルでせっかくの忘年会の最中、警察官が数名来ました。そして、村山さんは取調べとなってしまいました。ふと顔を上げると、数名の警察官のひとりが見たことのある方だったそうです。広い札幌ですが、その方は、なんと忘年会に参加していたむぎのこの職員のご主人でした。一緒に忘年会に参加していたふたりの子どもが「あっ、お父さん」と、制服を着たお父さんの姿を見て大喜びで絡んでいたそうです。

結局、みどりさんは自分でタクシーに乗って、ガブリエルホームに帰って、お金を支払うときに払えなくて、タクシーの運転手さんから村山さんに連絡がきてわかりました。村山さんは現場に駆けつけたので、残念ながら忘年会で自慢の喉を披露することはできませんでした。

むぎのこではいつも事件が起きても同時に何か違ったことが起こり、このように来てくれた警察官がお父さんだったなどで笑ってしまうことも多いのですが、いなくなったときの心配や緊張感はみんなが大変です。緊急事態なので、もちろん警察に連絡して協力をお願いしますが(ちなみにむぎのこでは万が一子どもがいなくなったとき、職員が十分間探しても見つからない場合は、警察に連絡することになっています)、職員や卒園児の親が総勢五十名以上で探し、連絡網も徹底して活用するなど、そのときは本当に必死です。

本当にいろいろありました。学校帰りのスーパーで売っている物を持ってきて謝りに行ったこともありました。家財道具はテレビが四台、コピー機、スマホなどなどいろいろと壊れてしまいました。村山さんも負けじと新しいコピー機をボルトで止めたりしたそうです。そのおかげで二台目は壊されずにすんだとのことでした。

みどりさんの攻撃は、他の子どもに向くことはありませんでした。でも念のため、お互いの安全を守るために他の子どもたちは二階で暮らしました。

今ではこのような行動はだいぶ減ったのですが、最近みどりさんに聞いたら、「生活保護なのでグループホームの物を壊すと自分のお金で弁償しなければならないから、物は壊さないほうがいいと思うようになった」とのこと。そう言いながら「この前のことはすみません」と謝っていました。

村山さんは、「いろいろあっても高校に行けるように応援して、卒業してから自立するまで育てようと思っています」とのことでした。しかし、そんな矢先に、いたずらのつもりだったと思いますが、みどりさんが村山さんの体に少しだけ傷をつけてしまったのです。「やっぱり体に傷つけてはダメだよ」ということで、警察を呼んで注意してもらうことにしました。今まででも子どもたちが暴力をしてしまったときなど、警察の方に来てもらって叱ってもらったことがありました。ですから私たちにとっては交番のお巡りさんは地域の大切な子育ての連携先でした。

そのときもそんなふうに警察の人に注意してもらおうと思って交番に連絡をしたのですが、

みどりさんは、けがをさせてしまったということで、大きな警察署に行くことになりました。本人もびっくりしたのか、ガブリエルホームを離れるときに警察に電話したスワンベーカリーの古家店長に「裏切り者」と言ったそうです。

それからいろいろなことを経て、少年院に入ることになりました。私たちは初め保護観察になると思っていたのでその結果は驚きでした。しかし、何度か少年院に面会に行くうちに、困り感が高く、支援の難しい子どもにとっては、治療的なかかわりとして恵まれた環境だとわかりました。発表会のような行事もあり、私たちも参加してみどりさんを応援しました。少年院の教官の方たちはいい人ばかりで、最新の専門的なかかわりを学んでいると感じました。何より生徒の数に比べて教官の数が多く、みどりさんは恵まれた環境で自分を見つめ直す時間をもてたのではないかと思います。今でもお世話になった教官の先生たちには時々手紙を書いています。子どもの育ちの必要性に応じていろいろな環境でさまざまな立場の方々がかかわって、ひとりの子どもを応援する日本の国のシステムが整っていることをあらためて教えてもらいました。

以前、少年院の方に、「少年院はいいところですよ」と言われたことがあります。私は「そこに行かないために福祉はがんばっているのです」と心の中で高慢にも考えていましたが、みどりさんのことで私の視野の狭さを打ち砕かれた思いがしました。そしてまた私たちも児童福祉の立場でがんばらなければとあらためて思いました。

一つひとつ課題をクリアしてステージが上がり、みどりさんの卒業の日が近づきました。保護観察官と少年院の教官の先生や児童相談所のケースワーカーと本人の気持ちを確認して、何度か話し合いがおこなわれました。みどりさんは、私たちが少し面会に行けなくなると不安になったりしたそうです。ですから、みどりさんの気持ちも「むぎのこに戻り、みんなと暮らしたい」ということがはっきりしていました。

私たちも少年院や児童相談所と連携をとりながら、これからもみどりさんを受け入れて一緒に暮らそうと思いました。そして若い女性の弁護士さんが未成年後見人になってくれて、たくさんの関係者の協力で、みどりさんは無事むぎのこに戻ってくることができました。帰り先は、ファミリーホームではなく、すぐ近くにある成人女性の「アン」というグループホームでした。グループホームや成人のサービスも、児相などの許可があれば十五歳から使うことができます。

みどりさんは、自分を見てほしい気持ちがまだ強かったので、小さな子どもがいるファミリーホームより大人の女性が住んでいるほうが合っていると思ったわけです。みどりさんも了解してくれました。日中はグループホームから百メートルくらい離れた生活介護事業所（トリニティ）に通いました。

しかしアンでの初日からグループホームを出てこられず、隣の児童発達支援事業所に行っていた私が、ついでにグループホームに寄ってみたら、世話人さんと生活介護の職員の愛さんが一生懸命起きて出かけるように働きかけてくれていました。
「みどりちゃん、ここに来る前の施設では時間どおりに起きて、いろいろなことをスケジュールどおりにやっていたでしょう。ここでも時間になったら、トリニティに行って活動に参加しますよ」と明るく言うと、「しかたない」という感じで体を起こしベットから出て用意しはじめました。

アンでの暮らしや日中のトリニティでの活動でも、まだまだいろいろなことが続きました。はっきりしているのは、みどりさんは変化に弱いということです。少しの変化が不安になりアクティング・アウト的な行動になってしまいます。また、否定的な感覚にも反応しがちです。グループホームの職員も生活介護の職員も、全員CSP（コモンセンスペアレンティング）という肯定的にかかわることを学び日々トレーニングしていますが、みどりさんはちょっとした表情や言葉でも、否定されたと感じてしまいます。ですので職員のみなさんはみどりさんへの言葉かけなどは本当に気をつけてくれました。

特にグループホームは暮らしの場なので、世話人さんや支援員さんのメンタルヘルスは大変なのです。そこは成人施設のリーダーがバックアップしました。本当にかかわってくれているみなさんはよくがんばってくれています。

それでもみどりさんは、不安が強くなると失踪したり、障害の重たい自閉症の方に支援員さんがかかわっているのを見るとうらやましくなってしまい、支援員さんに暴言や暴力など衝動的な行動が多くなります。

本当にいろいろなことがあり支援員さんたちも疲弊してきたので、そろそろいったん入院して心を落ち着けてほしいと思いました。またアンホームで支援する職員も限界でした。保護観察所の方も心配してくれましたが、そんなときでも精神科の入院はなかなかできないのです。それでそのときは覚悟を決めました。夜間は女性だけでは大変なので、管理職（男性）が順番に泊まることにしました。ちょうどコロナ禍で陽性の方が出たグループホームでの支援も二十四時間入っていたので大変な時期でしたが、やるしかありません。

みどりさんは衝動的になってしまうので、自閉症の強度行動障害といわれる方々の衝動性を出さないようなトレーニングを一緒にすることにしました。一緒に体操したり、食事をゆっくり嚙んで箸を置きながら食べるという簡単なことですが、自閉症の自傷他害の強い方々が、少しずつ改善されて自傷行為がかなりなくなっていましたので、みどりさんも一緒にやることにしました。

やってみると意外と楽しそうです。自分の気持ちを落ち着かせて、自分の気持ちのコントロールが少しずつできるようになってきています。行動障害の強い方ふたりと行動をともにして、帰りは一緒に彼らの住むダニエルというグループホームに戻り、毎日一時間半ほど散歩してから、ゆっくり夕食を食べて、その後体操してから自分の住むアンに帰ります。一日があっという間で、体もたくさん動かしているためか、夜十時には就寝できるようになりました。

でもある日、「なんであんな重度の人たちと一緒に私がいなきゃならないのさ」と訴えてきました。

「みどりちゃんだって、行動のコントロールに苦労があって、やりたくないと思っても人に攻撃してしまうことがあったりだから同じ苦労でしょ。彼らも苦労しているんだよ」と言うと、「そうだね」と大笑い。「あの人たち、私が泣いていたら頭撫でてくれるんだよね。やさしいんだわ」と教えてくれました。強度行動障害といわれる彼らの心情を理解できるなんてさすがです。

私たちは、その都度そのつど考えて試行錯誤の連続ですが、自閉症の困り感の高い人と愛着障害からくる困り感のある人も一緒に活動して一緒に苦労を共にしていると、不思議なことになんだかいつの間にか少しずつ落ち着いてきているようです。

将来のことや、高校のことを考えると不安になって、少し不穏になったり泣いたりするので、彼らと一緒の活動以外は勉強しようよ、高校休学している間に勉強して自信を少しでもつけて高校に行こう、やる気さえあれば何度でもやり直すことができるし、先生たちも応援しているよ、ということで、中学生が英語の勉強に中小屋（『子育ての村ができた！　発達支援、家族支援、共に生きるために』二〇二〇年、福村出版参照）に行くので、みどりさんも行くことにしました。でもやはり出かける日の朝になると、「いやだ。なんで行かなきゃならないの」。結局、中小屋に来ることができたのは夕方でした。焼き肉をみんなで食べるのもいやがっていましたが、かまわずにみんなはおいしそうに食べていたら、みどりさんはいったん部屋に帰りはしたものの、みんなが楽しそうにしているのを見て、自ら戻ってきて夜の中小屋を大人と一緒に遅くまで楽しんだようです。

次の日の朝食では、参加していた小学生の女の子と同じテーブルについて、「将来何になりたい」の話が盛り上がったとき、足に障害のあるひとりの女の子には、「やさしいからお年寄りのお世話が向いているかもね。おばさんたち楽しみにしているよ」。もうひとりはとても自信のない不登校気味の女の子ですが、「私も人の役に立つ仕事をしたい」。それを聞いていたみどりさんに私は、「みどりさんは、将来いろいろな子どもが来るファミリーホームがいいんじゃない。自分もそのときの気持ちがわかるしね」と言ってみました。「私できるかな」と言ったときの顔は満面の笑みでした。久し振りにみどりさんの笑顔を見ることができました。

もしも将来みどりさんがファミリーホームで働きたいといっても、高校に行って、さらに保育士になってと長い道のりです。そのつど不安に打ちのめされ、問題行動がこれからもたくさんあるとは思います。でもみどりさんのうれしそうな顔を見て、やっぱりこれからもみんなそばにいて応援するよ、そんな気持ちになったあたたかい中小屋での朝食でした。

ところが中小屋から帰った次の日、ジャンプレッツから失踪。またたくさんの人で大捜索。だいたいのみどりさんのルートは把握していましたけれどなかなか見つからず、結局四時間も経って、やっと歩いているみどりさんを職員が見つけました。

暑い夏の日、五分と外にいられないような日でした。公園で水を飲みながら休み休み歩いたそうです。今回も見つけることができましたが、やれやれ。大事に至らなくてよかった。

本人は「ごめんなさい」と謝りましたが、もうみんなはとにかく「見つかってよかった」と喜んでくれました。

でも、もうそろそろいなくならないでほしいな。

二　ななかさん

ななかさんは、高校入学を前にむぎのこに初めて来ました。

これまで乳児院、児童養護施設など、いろいろな施設を経験している女の子です。そして、それぞれのところでの適応が難しく、児相のケースワーカーさんが、最後の砦のように連れて来てくださいました。

本人は、「何も説明もされず児相の人が来て、次に行くところを伝えられるだけ」と、淡々と語るだけでした。

「養護施設にいたとき、学校の先生にポロリと『〇〇（施設の名前）に行くんでしょ』と言われたとき、聞いていなかったので、『何そこ』と言ったら、あわてて『なんでもない』と言ったのを私はしっかり覚えている。だから私の行き先は、ずっと前から大人が決めていたと思う。なぜって、次の行き先はやっぱりその先生の言った施設だったから」。

「最初の施設で暮らせなくなったとき、突っ張ってなんでもないふりをしたの。本当は、故郷《ふるさと》がなくなるようでつらかった。だってそこの施設は、私が物心ついたときから暮らしていた場所だったんだよ。私の家だった。本当は悲しかったけど、がんばってなんでもないふりをしたの。泣いたら生きていけないと思った」。

「次の施設では、自暴自棄になって、早く出たかったから、それ以上に暴力したり、ルールを守らなかったら、やっぱり児相のケースワーカーが来て一時保護に連れて行かれた」。

「そして次のところでは、敬語を使ったりしていい子にしていたけど疲れてしまった。がんばれなかった。もうできないと思ったときに、ここに連れて来られた」。

二〇一七年に「新しい社会的養育ビジョン」が厚生労働省から出され、日本全体が家庭養育にシフトしてきていますが、その一方で中学生以上の子どもにとっては、家庭のような人間関係の濃い場所ではなく、施設のようなたくさんの人がかかわるほうが安心するという当事者の方からの声もあります。むぎのこの社会的養育はもともと児童養護施設から出発したものではないので、里親とファミリーホームという家庭養育だけです。そのため、むぎのこに委託される子どもたちは施設ではなく家庭養育の中で育つことになります。

受け入れる私たちは、ななかさんはどこに暮らしたら安心できるだろうと考えました。里親さんでは難しそうです。ファミリーホームも小さな子どもがいるので暴力が出たときの対応は難しいと考えました。

児相が主導で考えてくれましたが、その結果、十五歳を過ぎていて精神科の入院経験もあるので、法人内の障害のある方の成人期のグループホームで暮らすことになりました。本人にも伝えましたが、あまり納得していなかったようで、「行くところ、そこしかないんでしょう」とあきらめた感じで、渋々うなずいたとのことでした。

グループホームに入るためには、児童福祉から障害福祉サービスに変更しなければなりません。そのため生活保護の受給や障害福祉サービスの申請など、さまざまな行政の対応や手続きは児童相談所の担当ケースワーカーが中心になって、札幌市のいろいろな部署が協力して早い対応をしてくれました。

ななかさんが入ったのは二十代の女性の比較的障害の重い方もいるグループホームでした。しかしやはり一日目から暴力と脱走がはじまり、「こんなところに住みたくない」と叫び、グループホームに入らないで道路にうずくまってしまいました。

あとから聞くと、「自閉症の人を差別する気はないけれど、小さなころから障害のある人と一緒にいたわけでもないし、一緒に住むのは無理。あと世話人さんと気が合わない」と素直な気持ちを表現してくれました。良い悪いではなく気持ちはわかるのでしかたありません。その夜は、法人の一軒家のショートステイホームの二階の使っていない部屋に、とりあえず泊まることにしました。

しかしその翌日以降もグループホームに戻る素振りはありません。ご飯はグループホームから届ける日々が続きました。そこでも毎日のように暴力と暴言がありました。幸い二階部分はななかさんがひとりで使っていたので、他の子どもに影響はありませんでした。ふたりのむぎのこの卒園児のお母さんがボランティアで順番に泊まりに来てくれて、毎日一対一の対応でした。一日の終わりは、見守ってもらって寝るという日々でした。だいぶ二階は壊れましたが、普段は使っていないところなので大丈夫でした。

「しばらくぶりで自分らしく暴力ができてすっきりした」と表情が和らぎ、その後は少しずつ落ち着いてきましたが、すぐに「やはりこんなところに長くいたくない。○○さんが意地悪でここにいたくない」と訴えてきたのです。グループホームへ戻る提案もしましたが無理でした。

そこで、むぎのこでアルバイトしている発達障害の青年たちが家族からの自立のために住んでいるシェアハウスがあったので、そこへ移動することにしました（そこに住んでいた三人の青年たち、ごめんね。理解してくれて家に帰ったり、グループホームに転居したりしてくれました）。

シェアハウスは新しい一戸建てでした。そこでの暮らしでも、ななかさんをひとりにしておくわけにはいきません。グループホームの職員の他に、七人のむぎのこの卒園児のお母さんたちや、放課後デイサービスの職員も代わる代わるななかさんのそばにいてくれました。

「むぎのこって変な人ばかり」と、お母さんたちのことをそう言いながらも、笑顔が増えてきました。

かたわらにいてくれた女性職員も、お姉さんのように一緒にスターバックスに行ったり、美容室やネイルを予約したり、時にはご飯を一緒につくってくれたり、やさしく接してくれました。でも、職員のほうも敏感なななかさんと接するようになって、言葉にならない感情を読もうと努力したり、感情的に難しいときの対応が上手になり一皮むけた感じになりました。この点に関しては「ありがとうね。ななかさん」といつも言っています。

しかし穏やかに暮らしているかのように見えても、ななかさんの不安が募り爆発したり、逃げようとすることもありました。そんなときは、むぎのこ以外に助けを求め、「こんなところ早く出ていきたい。早く迎えに来て一時保護して」と、何度児相に電話をかけたかわかりません。児相の担当ケースワーカーも係長さんも辛抱強く話を聞いてくれました。七人のお母さんたちも、あるお母さんのことがいやになって「あのお母さん来ないで、あの人来るならひとりで寝る」というので他のお母さんが泊まりに行ったり、するといつの間にかまた仲良くなったり、そんな日々の繰り返しでした。

七人のお母さんたちは、口ではずいぶんいやがられていましたが、障害のある子どもを育てあげたお母さんたちですから、さすがに少々のことではへこたれませんでした。それどころか、そのたびにななかさんをかわいがってくれました。このころには不安からくる感情の揺れはありましたが、暴力的な行動はほとんどない日々でした。

お母さんたちは、これまで何回もトラウマワークなどを受けて、自分が子ども時代どんな育ちをして、アルコールに頼ったり、新興宗教に入ってしまった、DVを受けたなどで、変わった大人になったことなど、人生の苦労を日常的にななかさんに語ってくれました。

特に、中学のとき不良だったお母さんが、先生をいじめた不良に「おめえら、なにセンコー（先公）いじめてんだよ」と言ったら、その先生が卒業式に「君のおかげで学校の先生をやめなかった」と言ってくれたという話がななかさんは大好きです。ななかさんは正義感が強いのです。

ある職員は、「私のきょうだいはみんな医者だったので、なんだか私ひとりダメなような感じで」という話をしてくれました。ななかさんも、「ああ、だから○○は変わっているんだ」「ほんと変な人ばかり」と喜んで聞いていました。

さて、いつまでもこの暮らしを続けていくわけにはいきません。

七人のお母さんに甘える表情が出てきました。むぎのこという場に対する信頼も少しずつ育ってきたようです。そろそろ安定した暮らしの場が必要だと思いました。少しずつですが、まわりを信頼するようになってきたななかさんでした。施設という故郷を失ったななかさんが大人になるためには、第二の故郷が必要ではないかと思いました。

かなりの挑戦だと思いましたが、児相とも相談して、もしかしたら特定の大人と一緒になる里親家庭でも暮らせるかもしれないと思い、ななかさんに聞いてみました。

「施設で育ったから、家庭って苦手なんだよね」と言っていたななかさんです。簡単に「イエス」とならないことはわかっていましたが、ななかさんもここのシェアハウスでは長く暮らせないこともわかっていて揺れていました。

里親のことを聞いたとき、初めは「いいよ」と言ってくれました。でもその里親さんは、これまでのかかわりでも知っていて、気の合いそうな人でもありませんでした。それでも家を見に行って、壁紙を選んだりしながら、「行く」「やっぱり無理」を行ったり来たりしていました。

児相のケースワーカーさんの意思確認の面接でも、「里親家庭なんて行きたくない」と最初は怒りの大爆発。でも後半は「しかたないね」と言ったり。担当ケースワーカーさんだけではなく、係長さんもいつも一緒に何回もむぎのこに足を運んでいただいたおかげで、やっと里親家庭で暮らすことを決めてくれました。ななかさんにとってみても大きな決断だったと思います。

里親家庭で暮らすために壁紙やカーテンを新しくしたりするために里親さんだけではなく、少し年上の職員が買い物に付き合ってくれました。そして、いよいよ「施設で育ったから、家庭は苦手」と言っていたななかさんの里親家庭での暮らしがはじまりました。

ななかさんが里親家庭に行っても七人のお母さんたちと職員のサポートは続いています。サポートというよりおしゃべり相手という感じですね。初めはいやがっていた一人ひとり個性の違う七人のお母さんたちや職員と上手に付き合ってくれるようになりました。里親さんとの時間やひとりでの時間を過ごせるようになってきました。七人のお母さんたちもななかさんから教えられることも多く、みんな「ななかさんは、よく気がつくやさしい子ども、繊細だよね」と言ってくれます。

里親の松田夫妻のことは、「本当に変な人たち。耐えられない。もっとしっかりしてほしい。でもななかのためにがんばってくれているのは感じる」と認めてくれて、ほとんど料理経験がなかった里父の松田さんもヘルシオ（ウォーターオーブン）などの調理器具を買って、ななかさんのリクエストに応えて料理をつくっています。

ななかさんは、ななかさんのためにつくってくれる松田さんの料理が楽しみなようです。そのうちに、時には自分で料理をつくって松田夫妻に食べさせてくれる日も増えてきました。

気持ちの揺れはいつもあります。「あの里親いやだ。替えてほしい」と、何度か怒りを爆発させて私のところにも来ていましたが、最後には「立派な里親さんではないけれど、我慢しないで自分の言いたいことを言える、不機嫌にもなれる、ななかのままで生きていける、そこがいいところだね」とクールダウンして話は終わります。松田夫妻は、ななかさんにとって「こうあるべき」と押しつけることがあまりない方だったので、ななかさんも自分の居場所、暮らす場として居心地がよくなったのだと思います。

ななかさんは里親での生活について、こんなふうに話しています。

ななか：最初に暮らす場所がどんなところかが大事なんだよ。ななかは最初の場所が施設だったから施設がいいんだ。だから施設を出たくなかった。でも、最初が里親だったら里親がいいと思う。だから里親のいるここにもっと早く来たかったともいえる。でも慣れてきたから、イライラすることもあるけれど、ここの家がいいとこのごろ思える。やっぱり自由だもん。松田さんは、変なところばかり。イライラさせられることも多い。でも自分の考えを押しつけないところがいい。

誰も信じていない。信じようとしても、大人から私はこれまで何度も見捨てられた。だから私から信じないようにしている。不安になったら、また生きていくのがつらくなる。

将来は働いて大学に行きたい。保育士はいや。

北川：このまま里子でいたら、今は進学の道も開かれているよ。働かないで子ども時代をもう少し大人に甘えてもいいんだよ。ここから自立しても帰っておいでね。

ななか：（笑いながら）絶対いや。

本当の意味でななかさんの居場所・拠り所となるには、もう少し時間がかかるようです。今でも急に不機嫌になったり、決めたこともいやがって反対のことをしたりといろいろありますが、「ななかは、今が一番いい」と言っています。と同時に、いつも相反する気持ちがあるようです。

暮らしを通して、いろいろありますが、私から見てななかさんのそばにいる七人のお母さんたちも職員も、なんだかいい感じに変わってきているのが不思議なことです。ななかさんに嫌われても、「あっち行って」と言われても、みんなななかさんが好きなようです。

むぎのこに来てから、ショートステイ、グループホーム、放課後等デイサービスの職員、そして七人とプラスαのお母さんたちに支えられて今のななかさんがあります。そして、やはりむぎのこだけではなく、児童相談所のケースワーカーさんや心理士さん、精神科のドクターや看護師さんが支えてくれています。

さらに前の施設のドクターや職員の方々も心配してくれて、いろいろなときに応援してくれます。実際、ななかさんがタクシーに乗って行方不明になったときも、前の施設に行っていて、そこのセラピストの方が話を聞いてくれました。生まれ育った児童養護施設に里親さんを連れて夜遅く行ったこともあります。どこの施設も責めることなく、今ある生活の場を応援し、里親さんとななかさんを支えてくれています。

うれしいことに札幌市の関係機関がみんな支えてくれている感じです。その実感が、私たちもななかさんを支えようとする原動力にもなっています。見えないところで葛藤し、苦悩しているななかさんを支えるには、これだけの人とエネルギーが必要だったようです。それこそまさに、むぎのこのミッションにも引用しているアフリカのことわざ「ひとりの子どもを育てるには、村中の知恵と力と愛と笑顔が必要」のとおりだと思います。

チームななかさん。さて、ななかさんはこれからどんな大人に成長するのでしょうか。

高校生活もはじまりました。新しい場所での生活はまた一苦労だと思いますが、悩み、葛藤しながらも、自分を好きになって、まわりの人を信じてもいいかと思えるようになったらｇｏｏｄですね。そしてその延長線上に、少し前までは本人もまわりも考えられませんでしたが、社会人としてまわりを支える側に立つ日が来るのだと思います。

「自立したら松田家のそばに住んで、時々来てあげるわ」。

そんな日がいつか来ることを楽しみに、チームなながさんの飽くなきサポートが続きます。

第七章　むぎのこ式社会的養育

一　サポートを前提とした共同養育

子どもと親の「困り感」から発展したむぎのこの子育て支援は、やはりたくさんの「困り感」を抱えた社会的養護児童の養育にも広がり、職員や先輩お母さんたちが里親になり、さらにファミリーホームを拡充しながら、児童相談所から委託される子どもたちを迎え入れる社会的養育システムの一翼を担うようになってきました。

現在の社会的養育は児童福祉法に基づいた公的な児童福祉サービスで、何らかの事情で親が子どもを養育することができない場合に、親に代わって子どもを育てる代替養育が提供されます。社会的養育は、もともと親に捨てられた子ども（棄児）や親のない子ども（孤児）のような「恵まれない子ども」の救済にはじまるものであったため、どことなく生活保護のような

「最低保証」というイメージがあるかもしれません。

もちろん社会的養育が最低保証でいいわけではないので、一般家庭と同等の養育を目指して、従来の施設での集団養育から家庭養育への転換が進められているわけで、里親の養成が急がれている背景になっています。ただし、ただ子どもを施設から一般家庭に移すという物理的環境の問題ではなく、やはり質的な向上がともなわなければならないことは言うまでもありません。

むぎのこの社会的養育も児童福祉法に基づいた児童福祉サービスであることに間違いはありませんが、その成り立ちや支援の考え方にはいくつかの特徴があり、むぎのこ式社会的養育といえるような独自性が見られます。

これまでに紹介したように、むぎのこの里親は障害のある子どもを育てるお母さんの子育てを支援する手段として導入されたことや、それ以前からもお母さんの子育てを助けるために職員が子どもを自宅で預かっていたという子育て支援に起源があり、代替養育というよりは親を支援しながら一緒に子どもを育てるという「共同養育」という性質が強いように思われます。

むぎのこの里親たちはすべて正式な里親研修を修了して里親登録されていますが、たとえ重度の障害のある子どもを育てた経験のある夫婦でも、実際に子どもを預かって養育することには不安や戸惑いは多く、それは第五章の三人の里親の語りにもはっきりとあらわれています。ましてや、船木さんのように、いきなりダウン症で多動の幼児を受け入れるということになれば、「無理です」と断ろうとするのも無理はありませんし、自分の子どもと違うことにいら立ちを隠せなかった岩倉さんの気持ちも理解できます。

里親になる意欲はあっても、いざ受け入れるときになって不安になったり自信を失うことがあってもおかしくありませんが、それでも古家統括部長の「何とかなる」の一言で受け入れていけたのは、「私たちにはバックがついていて、いつでも支えてもらえるという安心感」があり、そのバックには北川園長や古家統括部長のようなメンターだけでなく、ショートステイやヘルパーなどのむぎのこの支援サービスも含め、具体的なサポートがいつでも使える強みがあります。つまり、むぎのこの里親養育は、むぎのこの中でのサポートを前提とした共同養育という性質があるといえます。

もちろん、現在の里親制度には、児童相談所や里親支援センターなどのサポートがありますが、むぎのこの里親たちは自分たちが実子の子育てでむぎのこの支援をしっかりと受けてきた経験から、必要な支援を受けることやお互いに協力し合う文化に馴染んでいたことも、サポートを前提とした共同養育を可能にする要因になっていると思われます。

さらには、親支援と同様に非公式な自然な支援も里親をエンパワーしていて、三人の里親が日常的に古家統括部長や里親同士で愚痴をこぼしたり、相談したりできることも、里親を続けていく力になっています。このようなストレス発散やお互いの気持ちを出せる開放性は、ひとりで抱え込まないことだけにとどまらず、里親の養育がより多くの人の目に触れることで、里親による虐待を防止することにもつながります。もちろん虐待はあってはならないことですが、家庭での子育てと同様に、常にそのリスクを認識して対処することは大切です。

しっかりとサポートされている安心感の中で里親を続けていくことで、やっているうちに面白くなり、「やってよかった」という満足感につながり、モチベーションが高まることでケアの質の向上にも寄与することが期待されます。

二　里親のポジション

かつての社会的養育では実親が死亡または所在不明で存在しないのが一般的でしたが、現在では実親と一緒に暮らせない事情、さらには児童虐待などのために実親から分離された子どもが中心になり、実親との関係や面会の可否など、より複雑な家族関係にも配慮が必要になっています。その結果、当然のことながら、里親養育でも子どもの実親への気持ちや実親の意向が大きな影響を及ぼし、養育者としての里親のポジションも微妙なものがあります。

むぎのこの里親たちは、制度的には要保護児童を預かって養育する「養育里親」というもので、養子縁組を目的とする「養子縁組里親」とは異なり、あくまでも家庭に戻るまで、あるいは自立するまでの間の一時的な養育と位置づけられています。ですので、里親が実親に代わるものではなく、戸籍上の親子関係や親権などは一切関係しないので、基本的に実親と利害や権利が対立するような立場にはありません。

しかしながら、虐待を受けた子どもの保護とケアが社会的養育の中心的な役割になり、家庭復帰が困難なケースが増えるにつれて、永続的解決（パーマネンシー）の保障を求める流れが強まってきました。永続的解決とは、一九九〇年代のアメリカの児童虐待に対する施策の中で、一定期間の支援で家族再統合ができない場合はすみやかに養子縁組をして、新たな家庭で安定した養育を受けられるようにする制度で、必然的に実親との親子関係は法律上消失することになります。

アメリカの児童保護制度をそのまま日本に導入するのは現実的ではありませんが、永続的解決の保障の基本的な考え方は、養育者との安定した関係の下で育ちの場を保障しようとするもので、法律上の親子関係の有無にかかわらず、安心して生活する（育つ）場を確保することに他なりません。つまり、「ここにいてもいい」場であり、「ここにいたい」と思える場をしっかりと保障することが本質だと思います。

実際に、むぎのこの里親に委託される社会的養護児童の多くは、乳幼児期から施設や里親家庭で育ち、何度も施設や養育者の変更を経験していることで、新たな里親家庭にも表面的には適応しやすい反面、いつまでいられるかわからない不確かさの中で、さまざまな抵抗を示すことがあります。第六章の「むぎのこ版若草プロジェクト」の子どもたちは、自分を受け入れてくれていると認めながらも、そこから逃げ出したいという両価的な気持ちが続き、実際に「失踪」することもたびたびあって大騒ぎになりますが、自分から連絡したり戻ってきたり、とても複雑な心境が窺われます。本当に「ここにいてもいい」を受け入れるのは簡単なことではありません。

社会的養育では必ずしも実親を排除するものではなく、直接的に毎日の養育には参加していなくても、常にその存在を意識しながら子どもと向き合っていく必要があります。親支援からはじまったむぎのこの里親養育では、実親の存在が基本であり、それはたとえ子どもを虐待した「加害親」であっても同じです。子どもにとっての実親への思いはさまざまですが、それぞれの家族への思いに寄り添いながら、里親が実親を否定することはありません。

親ではなく養育者という里親のポジションは、必要以上に実親との関係に干渉するものではありませんが、親支援をベースにしたむぎのこの里親養育では、実親との関係をとても大切にしているところもあります。第五章の「ユキ物語」で、ユキちゃんが道外の中学校に行くにあたって里親委託が打ち切られたとき、北川園長が養子縁組をしなかったのは、里子の権利や意思の尊重だけにとどまらず、実親へのリスペクトがあったのではないかと思います。また、里子として育ったユキちゃんが短大のゼミ研究で実親の子どもへの思いを聞いたとき、きっと自身の母親への思いと重ね合わせて、あらためて母親との絆を確かめることができたのではないかと思います。たとえすでに亡くなって今は存在しない親であっても、子どもの育ちの支援と無関係になることはありません。

若草プロジェクトのような思春期からの里親養育では、新たな親子関係をつくる永続的解決よりも、そこから大人として巣立っていくまでの移行支援がとても重要になります。その鍵を握るのは信頼できる大人との安定した関係性であり、里親はその中心的な役割の大人にならなければなりません。子どもは十八歳とか二十歳という年齢に達したことで大人として自立するわけではなく、実際の大人への移行はとても長い道のりなので、それまでの間、拠り所になる大人の存在はとても大切です。里親から離れてグループホームに移ったり、ひとり暮らしをはじめても、いつでも帰れる実家のような拠点が欠かせません。里親だけでなく、むぎのこでかかわるすべての大人たちとの関係の永続性こそ、子どもたちの大人への移行を下支えする重要な支援といえます。

三　スキルより関係性

むぎのこの里親やファミリーホームに委託される子どもたちにかぎらず、最近の社会的養育には、さまざまな病名が付けられてくる子どもが多くなり、治療薬を処方されて服用している子どもも珍しくなくなりました。現在むぎのこの社会的養育にいる子どもたちのほとんどは、児童相談所から来た時点ですでに病名が付けられて、精神科の薬物療法を受けていることも多く、明らかに一般の子どもたちよりも高い割合になっています。

二十年くらい前から発達障害への関心が高まり、それを受けてむぎのこの療育のニーズも高まってきましたが、児童虐待相談が急増するとともに子どもの情緒・行動の問題について心的外傷（トラウマ）に関連する障害（心的外傷後ストレス障害〈ＰＴＳＤ〉や適応障害など）や愛着障害という精神疾患で説明されることが多くなり、その結果、社会的養育でも病名や薬物療法がごく一般的になってきました。

子どもたちに病名が付けられるような問題があるとすれば、医療的な治療ニーズが高くなるだけにとどまらず、社会的養育においてもより専門的なケアが求められることになります。そのような専門的ケアの必要な子どものために、専門里親という制度があり、アメリカではそのものずばり「治療的里親ケア（therapeutic foster care）」と呼ばれています。ただし、「専門」とか「治療的」ということが、必ずしも医療の提供ということだけではないので、基本的な里親養育と大きく違うわけではありません。

社会的養育に精神医学的な説明や治療が導入されること自体が否定されるものではありませんが、ここでも親支援と同じように、どうしても「症状」に注目することで問題指向型の支援になりやすく、ひとりの子どもという存在が小さくなってしまいやすくなることに気をつけなければなりません。子どもたちの「症状」にはそれまでの育ちが複雑に影響していて、単純に類型化できるものではありません。それでも問題指向型の支援を追求していけば、とにかく症状を改善するために薬物療法への依存が高まる結果になりかねません。そして、さらに「人」が見えなくなることで、支援者と子どもとの関係性が弱まるおそれもあります。

むぎのこは三十八年間にわたって障害児の療育をしてきているので、もともと医療とのつながりは強く、社会的養育においても必要に応じて専門的な医療に頼ることはよくあります。著しい情緒的混乱や攻撃性などは、むぎのこの支援だけでは対応できず、大学病院の児童精神科病棟などに入院治療をお願いすることがあります。ただし、入院はむぎのこの支援の限界や失敗ということではなく、入院によって支援が終わることはありません。たとえ入院医療の必要性があったとしても、子どもにとっては措置変更と同じような見捨てられ感につながる可能性があるので、退院後に戻ることができることを保障するだけでなく、入院中も面会だけでなく、保護者として担当医や病棟スタッフと連携しながら治療に参加することで、むぎのこの支援は続けられます。

社会的養育では、特に思春期の子どもの激しい行動化が支援の継続を困難にすることがよくあります。暴力や物を壊したり、自傷行為や無断外泊などの問題への対応には苦慮しますが、それらのほとんどは必ずしも病的なものではなく、発達的には「了解可能」な現象であり、精神疾患の前駆症状というわけではありません。現在の精神医学の診断基準に従えば、たしかに何らかの診断名を付けることはできますが、それが直ちに治療薬を服用したり入院したりしなければならない治療対象になるものではないことに注意しなければなりません。

思春期の激しい行動化は何度も繰り返されることも多く、どんなに指導しても効果がないと思えば、さらに厳しい指導や行動制限につながり、それでかえって反抗が強まったり不信感が募ったりする悪循環になりかねません。そうなるとますます薬物療法や効果的なセラピーへの期待が高まりますが、たとえ効果が実証されている、つまり「エビデンス」がある治療法であったとしても、それだけで問題が解決するほど単純なものでもありません。

いずれにしても、社会的養育の継続を脅かす問題に対処するためには時間が必要です。短期的な視点だけで評価して判断すれば、より専門的な施設への措置変更しか選択肢は残りません。

それは再度の分離体験となって、さらに子どもを苦しめることになります。思春期の問題を解決するのは成熟による社会化を待つしかありませんが、そのためには安定した育ちの場をしっかりと確保して保障していかなければなりません。

思春期の行動化に対する「魔法の弾」（特効薬）はなく、魔法のような治療プログラムもありません。できることは、信頼できる大人との安定した関係の下で、「ここにいてもいい」という場を保障し続けることです。その鍵を握るのが、愛着に基づく育ちの場です。

四　子育ての村は「愛着の村」

子どもはひとりでは生きていけないので、大人の養育者が絶対に必要です。現在では、生みの親が直接子どもを養育するのが標準的ですが、子どもの養育に血縁関係が決定的な役割をもっているとはかぎりません。「生みの親より育ての親」と言われるように、非血縁者が子どもの養育から排除されるものではありません。だからこそ、社会的養育であっても立派に大人に育っていくことは十分に期待できることになります。

子どもの養育の鍵を握っているのが愛着です。愛着（アタッチメント）はイギリスの精神科医ジョン・ボウルビーが提唱した親子関係の理論的概念で、子どもの対人関係の発達に重要な役割をもっていることが知られています。子どもが特定の大人に愛着を形成することで、子どもは愛着対象の大人から世話を引き出し、生存することが可能になります。そして、安定した愛着関係があることで、子どもはさらに対人関係を広げ、社会的に成長していくことができます。

乳幼児の養育で愛着の重要性はよく知られていますが、愛着は幼少期だけのものではなく、子どもが大人の世話を受けなければならないかぎり、つまり大人として自立するまで不必要になることはありません。直接的な世話が必要なくなっても、心理的に大人につながっている感覚は、安定的な成長には欠かせません。思春期になると親や大人に対して反抗的になる、いわゆる反抗期が見られますが、親への反抗は親が不必要だというのではなく、親への愛着を失うことはさらなる混乱の要因になるので、むしろ自分自身が不確かになる思春期にこそ愛着は重要になります。ただし、親への反抗が強い思春期には、親に対する愛着を親以外の大人への愛着で補うことが大切で、信頼できる大人とのつながりがとても重要になります。

社会的養育においても、安定した育ちの場の土台になるのは大人への愛着です。愛着の対象は血縁関係によって規定されるものではなく、養子縁組による戸籍上の親子関係で強まるものでもありません。大切なのは、子どもの愛着を受け止める意志と責任感だけで、そこに里親の役割が集約されることになります。たとえ離れていても子どもに実親への愛着があれば、それを大切にしながらも、実親が子どもの愛着に十分に応えることができない部分を里親や職員で補うのは、むぎのこの発達支援の基本原理にも共通しており、愛着はむぎのこの子育て・親支援の基本概念になっています。

むぎのこの共同養育的な社会的養育では、里親だけでなく多くの大人たちが子どもに直接かかわる機会があり、そこに愛着のネットワークが形成され、不安定な育ちを安全に見守る環境になっています。それはまさに「愛着の村」であり、それこそがむぎのこが三十八年間一貫して追い求めてきた「子育ては村中みんなで」という理念の到達点といえます。むぎのこという子育ての村が愛着の村であることで、困難を抱えた子どもたちをしっかりと受け止めて、成熟するための育ちの場を保障しています。

子育てにかかわるすべての人にとって、子育てのゴールは「大人になること」です。ともすれば大学受験や就職が目標になりがちですが、どちらも大人になるまでの「途中経過」にすぎません。とはいえ、大人とは何か、何をもって大人になったといえるのかは、実は難しい問題で、正解はありません。人の生き方が多様化した現代社会では、大人になるのはどんどん遅くなり、少なくとも二十代後半まではかかるといわれています。大人への移行をしっかりと見届けるまで、子育て支援は続きます。そのためにも、愛着の村でしっかりとした土台をつくることが大切です。

里親養育の「先進国」であるアメリカの里親関係者と移行支援について話し合ったときに、少し困惑気味に「aging out（規定の年齢を超えるという意味）」という言葉が何度も出てきたのが印象的でした。アメリカでは障害がある場合を除いて十八歳で成人になり、里親養育も終わります。もちろんすぐに自立できるほど社会は甘くありませんが、それでも多くの里子たちは十八歳で里親から離れていくといいます。個人の権利が尊重されるアメリカでは、里親制度の期限である十八歳で里親から離れて「自由になる」のは子どもの権利であり、その結果十分な移行支援ができないことを憂慮していました。自由の国では、十八歳はとても重い意味があります。

安全な大人への移行には愛着の土台が欠かせません。自分を気にしてくれる大人がいることは、時には鬱陶《うっとう》しいと疎《うと》まれることもありますが、迷いながら大人に向かっていく若者には、安全感を高めるセーフティネットになります。

親支援と同じように、むぎのこの社会的養育からむぎのこの職員になって自立した元里子たちも増えてきて、ここでも人の循環が生まれて、愛着の村の住人として、子どもたちの育ちを見守り支える大人になっています。世代を超えて愛着のネットワークが広がることで、子どもたちの育ちがしっかりと支えられていくことが期待されます。

終章　誰もが支援を受けていい

一　親子の困り感

むぎのこに来ている親子の困り感はさまざまです。むぎのこのメインは児童発達支援センターですから、一般的には自閉症の子どもや知的障害のある子どもたちが通園していると思われているかもしれません。しかし、実際には家庭の子育てでも困り感があり、お子さんの発達も少しだけ心配という方もたくさん来ています。

とはいっても、児童発達支援センターは、子どもの発達が心配ということで通園がはじまります。第二章で紹介した六人のお母さんたちの語りにもあるように、家族の困り感、お母さんたちの育ちやこれまでのつらさや葛藤が、子育ての大変さに影響していることも多くあります。

これまで、たくさんのお母さんたちの面接をしてきて、お母さんやお父さんの育ちの中での困

り感は、発達に心配のない子どもを育てているお母さんお父さんと変わらないと感じています。むぎのこの親子の困り感は、発達に心配があるということで通園していても、「極端な例は、普遍性を示す」というように、表に出ているものは違っていても、また表面化されていなくても、地下水のようにつながっているのです。

とはいえ、むぎのこも立派にやっているわけではありません。でも、隣人の困り感に気づいたとき、「上手ではないけれど、みんなで一生懸命かかわろうとする」、そんな場なのだと思います。

相手に関心をもち、痛みや恐れ、悲しみに向かい合うと、ケアする側も自分の弱さを知ることになります。共に、時には耐え、時には喜び、時には悩み、時には解決策もなく無力感に浸り、一緒にいるだけで前向きな方向性が見えないときもあります。でも、どんなに大変な子どもであっても、行動障害がある利用者さんであっても、相手の苦悩は支援する側よりも重いのだと思います。

時として、自分の無力さに打ちひしがれて、それでも希望を失わず、絆を大切にしながら、一緒に歩んできました。

二　子育て支援とは何か

親も子も不安がいっぱいで困っているこの時代に必要な子育て支援は何でしょうか。

そのために麦の子会として、日本財団の助成を得て「子どもの未来を考える会」という研究会を立ちあげました。淑徳大学の柏女霊峰先生を座長に、社会的養護関係者、障害児支援関係者、保育園やこども園の関係者、学識経験者の先生たちが集まって、子どもの育ちやサポートのあり方を研究しました。

その研究会では、それぞれの立場で子どもや家族を支えているときに感じている課題について話していただきました。全国保育士会会長の村松幹子先生、全国認定こども園協会副代表理事の古渡一秀先生、鳥取子ども学園の藤野興一先生の話は、どれもみんながうなずける話ばかりでした。そして、若い研究者である、淑徳大学短期大学部の佐藤まゆみ先生、武蔵野大学の永野咲先生による研究により、子どもがそれぞれに自信をもって育っていくためには、子どもや家族の支援は子どもの課題によって分けられるのではなく、市や町といった地域で包括的な支援の場が必要であること、そして成長段階で切れていくのではなく、大人になるまで継続的な支援が大切であることがわかりました。

そして今、日本全体の子ども施策も変わろうとしています。核家族化で孤独に悩んで子育てしている親子ができるだけ相談につながるような支援、そして継続的に親子でサポートを受けられる体制など、妊娠期から成長する学齢期や自立の先まで制度を整えようと、厚生労働省子ども家庭局も障害福祉課も、とてもがんばってくれています。しかし、今の日本の施策の課題は、一般の子ども、社会的養護、障害児の施策と部門ごとに分かれていて、それが結果的に、さまざまな困り感のある親子の支援が地域の中で分かれてしまっていることです。

子どもの状態で行き先が分けられるのではなく、すべてのお母さん、お父さん、そして子どもがあたたかい支援で包まれるような日本になったらいいと思います。

三　これからの子育て支援

日本は少子化の時代に入っています。核家族が進み、身近に頼る人がいなくなっている。このような状況では、子育てがうまくいくはずがありません。最近は子どもの困り感が強くなり、自殺しようとする子どもも増えています。もう親を責めたり、自己責任なんて言っている場合ではなくなっています。子どもは、社会の大切な宝物ですから、みんなで子どもと家族を支えなければなりません。

一部の親の成功と思われている物語は、事例としては参考になることもあるでしょう。でも一人ひとりの子育てや育ちは違うのです。子どもは親の思いどおりにはなりません。

このことは、子どもの人権を守るということでも大切なことです。

フィンランドのネウボラの保健師さんが「家族が救われなければ、子どもは救われない」と語ってくれました。

そのためには、まず相談のしやすさに配慮しなければなりません。相談することは不安です。勇気がいるし、相手になんて思われるだろう、もしかしたら否定されるかもしれないと思ってしまうのが相談の入口です。むぎのこでは、最初の電話を受けてのインテーク面接は、保育士の資格のある自閉症の子どもを育てているお母さんが担っています。

アメリカの児童福祉団体のボーイズタウンのテキストの中に、専門性の高い位置に「気さくさ」がありましたし、ネウボラの保健師さんも「話しやすい雰囲気は大事」とおっしゃっていました。相手の痛みに寄り添い、相手の対場に立つことは、もちろん対人援助技術の専門性なのだと思います。

日本には、相談の入口でお母さんたちが傷つかない安心と安全が守られてる支援が、もっと求められているのではないでしょうか。誰もが悩みを抱えています。そして同じような体験をしている人との出会いは、生きる力になるのです。

相談に続く支援では、支援者間の連携が大切になります。日本の子育て関係者は、これまでの叡智を集めて、子どもと家族を支えるための方向性をみんなで示していく必要があると思います。そのとき気をつけてほしいのは、親同士で意見が合わないと子どもが困るように、考えの違う専門家同士であっても、目的は子どもと家族の幸せなのですから、緩い連携をとってほしいということなのです。特に障害のある子どもの支援にはいろいろなプログラムがありますが、大きな視点で子育てを考えていかなければいけないと思います。

アメリカの大学院の先生に教えてもらったのですが、アメリカの心理学の世界でも、一九六〇年代は学派によって対立も激しかったようですが、一九七〇年代に入ってから、統合的なアプローチに変化してきたそうです。

たとえば、依存症の治療には、アルコールなど依存しているものに近づかないための行動療法的アプローチ、考え方の変容のためには認知行動療法的なアプローチ、不調になった原因を振り返る精神分析やナラティブセラピーなど、患者さんの状態やニーズによってさまざまなセラピーが必要なため、ひとりのセラピストはいくつかの技法を学び、身につけているということでした。

私たちの経験でも、第六章で紹介した「むぎのこ版若草プロジェクト」のなかさんの例にもあるように、里親さんへの不満を児童相談所に電話して訴えても、里親さんを責めなかったケースワーカーさんたちのおかげで、結果としてななかさんも安定して、里親さんも安心して養育をがんばろうと思えました。

今では里親をしているお母さんたちも、かつてはむぎのこに対する不満を、当時札幌市立病院の児童精神科医だった黒川新二先生に聞いてもらったそうです。あるお母さんは、「いつも不満を聞いてもらった最後にやさしい声で、『むぎのこはいいところですよ。子どもにとっても大切なところですよ』と黒川先生がぽつりと言ってくれたので、思い直すことがたびたびありました」と言っていました。お母さんたちは、「あとから思い返せば、障害のある子どもを育てる不安や葛藤や傷ついてしまった心を、むぎのこの先生たちに反抗したり八つ当たりしていたんですよ」と笑って言ってくれています。

ネガティブな気持ちを出すことも大切ですが、それを受け止める側も大変です。でもこんなふうに、その時々の不安や葛藤の感情をぶつけたり、攻撃性が出ても誰かが受け止めてくれること、そして受け止める側の人や機関が連携していることが、お母さんや子どもの育ち、そして支援者にとっても非常に大切だと思うのです。

支援方法で対立するのではなく、真ん中にいる子どもと家族のために見立てをして、それぞれの良さをいかして支援をしていくという、今あらためて児童福祉の原点に立つことが求められていると思います。

四　チームむぎのこ

このように、むぎのこではさまざまな課題にチームで対応してきました。また子どもに対しては統合的なアプローチをしてきました。結果として、お母さんたちが回復して肩の力が抜けていって、楽しい、面白い、付き合いやすい人になっていきました。

今では支援者としてがんばってくれているお母さんたちも、むぎのこに来た当初は、わが子の子育てでは苦情も多く、攻撃的なお母さんも多くて、支えるほうも結構大変でした。でも、あんなに大変だったのに、なぜか児童相談所から措置になって来る社会的養護の子どもたちにはやさしくしてくれて、とても協力的なお母さんになりました。

それはなぜでしょう。あるお母さんは、「孤独だったんです。誰も信用できませんでした。今は自分も弱さがあるし、これでいいんだなと思ったら肩の力が抜けました。人に頼っていいし、自分でやれることはがんばっていこうと思えたんです。今まで人を責めていたんですけど、そしたらやればやるほど失敗ばかりの自分に気づけました。それでもしかたない。前はそんな自分だと馬鹿にされると思っていたけど、馬鹿にされることもなく、かえって応援してくれたりする。だから前に進もうと思えるようになったのです」とボソボソと語ってくれました。

お母さんたちにもいろいろな過去があります。虐待を受けたり、アルコール依存の家庭で育ったり、学校でいじめにあったり、そんな自分の育ちへの気づきと受容が子どもへの受け入れとつながっているのかもしれません。いろいろな経験を経て、子どもと少しずつ信頼関係ができたときは、お母さんたちも職員もいつのまにかやさしくなって癒されているようです。

思春期になってむぎのこに来た子どもたちもこんなふうに少しずつ落ち着いていって、人を信頼して成長していく道をたどってきました。いろいろなことが起きても子どもと一緒に前に進もうと思うのは、私たちが最後の砦にならないと、子どもたちがもっと傷ついてしまうからです。

むぎのこの中には、子どもが戸棚の茶碗やお皿を割ったときに、一言も責めないであっという間に片付けに来てくれるおばさんたちがいます。壊れたものがそのままあるのは、子どもも大人も心まで傷つくので、あっという間の片付けは本当に助かると里親さんたちが言っています。

里親夫婦の心のケアのために子どもを泊めてくれる家があります。そしてありがたいことに、里親さんの代わりに家に泊まってくれる卒園児のお母さんたちがいます。みんな起きた出来事がどういうことかわかっていても、子どもを責めたり、里親さんを責めたりしないで、こんなときはみんなで支え合うしかないことを知っています。

支えてくれるお母さんたちは、忍耐力があるなとつくづく思います。お母さんたちの忍耐力は、わが子に障害があり、思うようにいかない子育ての経験を幾度となくしてきたことからきているのでしょう。障害をもつ子を育てたお母さんたちは、子育てはみんなで助け合わなければ難しいと体でわかっているのだと思います。

五　わがまちの子どもをみんなで応援する――子どもが育てばいい

むぎのこがはじまった三十八年近く前に比べると、本当に制度が充実してきました。毎日通える場所もたくさん増えて、相談支援事業所ができました。家に行って子どもの支援をするヘルパー、子どもを泊めることができるショートステイなどができるようになりました。障害のある子どもの支援がほとんどなく、お母さん頼りの時代から比べたら本当に時代は変わった感があります。

制度がない時代から家の掃除が必要といえばみんなで掃除に行ったり、お父さんが出稼ぎに行って家で子どもに八つ当たりしそうなお母さんや困った家族がいたら職員の家に泊めたり、家に行ってお風呂に入れたり、お迎えに行ったりしてきたむぎのこですが、今ではそのような支援ができる制度が少しずつできてきました。それでも、まだ十分とは言えないところもあり、しばらくは今の制度の中で子どもを守っていかなければなりません。制度の足りないところは、若草プロジェクトでなかなかさんを支えてくれた七人のお母さんたちのような、ニーズに合わせたボランティア的なサポートが続くと思います。

そうでなければ大事な子ども時代は、制度ができるのを待っていたら終わってしまうし、子どもと親が困っている状態をわかっていてそのままにすることはできません。

子どもへの思いを大切にしながら、行政の方々が一生懸命つくってくれた制度をしっかりと活用しつつも、みんなで力も合わせて、公的なサービスだけでなく、フレキシブルな民間の良さを生かして、しっかりと子どもの育ちを支えていきたいと思います。

ノルウェーのオスロの元市長セーボネスさんが、「障害のある方々を真ん中に置いたまちづくりをしてきた」とおしゃっていましたが、その意味は、こんなふうに子どものために力を合わせて「わがまちの子どもと家族をみんなで応援し育てる」ことにつながるのではないでしょうか。

そして、このままでいいというあたたかい環境の中で、子育ては楽しんでいいのです。のびのびと子育てをしてほしい。大変なことはみんなで力を合わせたらいい。そして支援は誰でも受けていいのです。

むぎのこで障害のあるわが子を育てたお母さんたちは、自分の子どもの子育てではけっして上手とは言えなかったかもしれないお母さんたちです。でも、今は育てるのが比較的難しい里子を、時には涙しながらも協力しながらすてきに育てています。大変なときや週末はみんなで力を合わせたり、むぎのこの職員や病院の先生や心理の専門家の力を借りたりしながら、社会からお預かりしてる大切な子どもをみんなで育てています。

いろんな人の力を借りても、子どもが育てばいいのです。そして何より子どもから見てどうかということです。

苦労ばかりというわけではなく、育てているお母さんたちやお父さんたちも楽しそうです。「里親になって初めて子どもの立場に立って子育てができているという感じです。わが子のときは親になりきれていなかったのかもしれません。私も成長したと思います」。「子どもと一緒に成長して、未来をつくるといった感じですね」。

新しい子育ての時代がはじまろうとしています。そのときは、みんなで協力して育てていきましょう。

むぎのこは、今年（二〇二一年）六月から妊娠葛藤相談の窓口「にんしんＳＯＳさっぽろ」をスタートしました。毎日いろいろな相談が電話やラインを通してきます。

若い女性が多いですが、四十代の方まで妊娠にかかわる女性の悩みは、本当に多いし、悩みは深いことが伝わってきます。ここでも女性が背負うつらさを感じます。

ある日、札幌の繁華街で働く女性から電話がかかってきました。

「病院に一度も行っていない。お腹も大きくなっている」という電話でした。会いに行くと、破水もしていて、もうすぐ生まれそうです。

急いで救急車を呼んで、スタッフも一緒に付き添い病院に搬送してもらいました。

その夜、無事帝王切開で赤ちゃんが生まれました。とってもうれしい出来事でした。

もう一つうれしかったことは、「ひとりの子どもを育てるには、村中の知恵と力と愛と笑顔が必要」の言葉どおり、この赤ちゃんのために、お母さんの気持ちを聞きながら、病院の医師、助産師、ソーシャルワーカー、保護課、家庭児童相談室の保健師さん、児童相談所の方々が集まったときのことでした。そこに集まった違う機関のみなさんから、この新しい命とお母さんを支えようという熱い思いが感じられました。そこはまさに赤ちゃんを真ん中に、フィンランドの保健師さんが教えてくれた専門性と気さくさのある会議の場となりました。

赤ちゃんはまだ入院中ですが、お母さんは、日本財団が助成してくれた妊産婦さんのための産前産後の仮の居場所に退院することになりました。

お母さんも赤ちゃんも幸せになってね。

そして、二〇二二年二月には、二〇一九年に亡くなられた西尾和美先生と日本財団の寄付で、

「心理支援の拠点」と「妊産婦さんの居場所支援の場所」が一緒になった建物が竣工します。寄付していただいた建物ですから、みんなのものです。またそこでたくさんの親子との出会いが待っていることでしょう。

外側から見たら、どんなにすてきに見えていても、生きているということは、みんないろいろな悩みがあるものです。悩みや葛藤は人間の本質的なものなのですから恥ずかしいことでもなんでもありません。特に子どもも大人も変化や葛藤のときに、悩みは大きくなるものです。

安心できる場があって悩みを話せたら、そこに違った景色が見えたり、肩の力が抜けたり、そしてその悩みが、人生の大切なことに変わっていくかもしれません。

子育てや家族のことで悩みや葛藤があったら、少しのことでも誰もが助けを求めていいし、支援を受けていいのです。アウトリーチだってできます。

また、支援する側も専門家の先生だって、お医者さんだって悩みはあるのです。だから、どんな人も、支え合い助け合って生きていくことは、当たり前のことだと思うのです。

子育て中は、この大変さが永遠に続くような気がしますが、子育ての時代は振り返るとあっという間です。

ですからその時代、安心して子育てが楽しめるように、そして親子で自分の良さに気づき、子どもが幸せに育っていけるように、もっともっとやさしい支援のすそ野が広がっていくようにと、心から願っています。

そのために、むぎのこは、これからも若い人に少しずつバトンタッチしつつ、大切なことは変わらないで、変化するべきことは変化しながら歩み続けます。

おわりに

二〇二〇年六月に刊行したむぎのこの初めての書籍『子育ての村ができた！　発達支援、家族支援、共に生きるために――向き合って、寄り添って、むぎのこ37年の軌跡』（福村出版）では、むぎのこの歴史と活動をたどりながら、むぎのこの基本的な理念と実践を利用者である親の声も交えて紹介させていただき、多くの方々にむぎのこを知っていただく機会になりました。しかしながら、三十七年にもおよぶ歴史の中で大きく発展し、とても多岐にわたる支援の取り組みをお伝えするには紙幅が足らず、具体的な支援内容にまでは十分に言及できず、実際に支援に携わっている読者の方々には物足りなさを感じさせてしまったかもしれません。その点については編者も感じていたので、前書の刊行直後からさっそく実践的な続編の企画に取り掛かりました。

むぎのこはスタートした時点から発達に心配のある子どもたちの支援を一貫しておこなってきたので、児童発達支援が基本であることは言うまでもありませんが、そこから派生した子ど

も・子育て支援のノウハウと実践は、現在の児童福祉、とりわけ深刻な社会問題となっている児童虐待防止にも示唆に富んだものもあり、それを詳しく具体的に紹介し、子どもと家庭のニーズに応える子ども・子育て支援を論ずることは非常に意義深いと思い、あらためてチームむぎのこの総力を結集して本書をつくりあげました。

とはいえ、子どもと親の「困り感」に寄り添って支援するむぎのこの実践は、とても多様で多岐にわたり、個々のニーズによって支援内容も目標も変わるので、一言で言いあらわせるような支援モデルではまったくありません。それは既存の障害福祉や児童福祉の理論や制度の枠組みで説明できるような「定型的」なものではなく、まるで生き物のようにニーズに応じて姿かたちを変えていくようなところがあり、うまく表現するのは簡単なことではありませんでした。

つまり、むぎのこの実践を伝えるためのボキャブラリーがなかなか見つからないのです。それゆえ、むぎのこの子ども・子育て支援の実践編の企画はとても困難なチャレンジになりました。とりあえず、無理矢理「むぎのこ式子ども・子育て支援」と名づけて、系統的に説明していくことで企画をスタートしたものの、そんな理屈っぽい説明ではむぎのこの本当の実践は伝えられず、何度も企画を練り直すことが繰り返されました。

転機になったのは、本書の第二章で詳しく紹介した六人のお母さんたちの語りでした。そこで語られた内容に衝撃を受けたことだけにとどまらず、ここまで語ることができるようになったお母さんたちがいるというところに、むぎのこの実践の本質を見たような気がしました。これだけのことを語ることができる安心安全な支援の場と、自己否定的にならずに今の自分を受け入れることができる関係性ができていることに感動しました。そして、お母さんたちの「困り感」に寄り添って発展してきたむぎのこの支援を知るためには、やはり当事者の語り以上に確かなものはないと痛感しました。

そこには専門家や研究者の視点からは見えない、当事者の心に届く支援とは何なのかがありました。支援者側が説明するボキャブラリーにはなかったものを、当事者であるお母さんたちの語りが、むぎのこの実践をお伝えする大きな力になってくれました。さらに里親や里子たちの語りも加わることで、むぎのこ式子ども・子育て支援をご理解していただきやすくなったかと思っています。

それでも、強いてむぎのこ式子ども・子育て支援を一言で言いあらわすとすれば、やはり「子育ての村」というしかないように思います。もちろん、専門的な支援としてペアレントトレーニングやトラウマワークなどのプログラムもありますが、むぎのこ式子ども・子育て支援を語るうえでは、個別のプログラムというよりも、すべてのむぎのこの支援活動に組み込まれた仕組みと仕掛けがとても大切だと思います。スキル（技術）よりも関係性――つまり、支援の場と人々の関係性こそがむぎのこ式の核心であり、まさに「村」というコミュニティを基盤とした支援といえます。そして、それは「共に生きる」という、むぎのこの理念につながっています。

むぎのこの「困り感」に寄り添う支援は、一人ひとりのニーズに基づく支援に他なりませんが、それはけっして簡単なことではありません。ともすれば、顕在的なニーズ、つまり目に見えるニーズ（たとえば、発達の遅れや偏り、不登校、児童虐待）に応えることで支援したつもりになりがちですが、それだけではすべてのニーズに応えられないこともあります。重要なことは、はっきりと外から見えない、あるいは自ら語らない潜在的なニーズ（たとえば、家族内の不和、ＤＶ、経済的困窮、親自身のトラウマ体験など）をしっかりと受け止めて支援しなければならないということです。そんな潜在的なニーズに気づいて、そこに手を差し伸べる仕組みと仕掛けこそが、むぎのこ式子ども・子育て支援として本書でお伝えしたかったことです。

障害の有無にかかわらず、子ども・子育て支援のニーズはとても多様で、既存の制度やサービスだけでは対応できないことも多く、常に努力と工夫、さらには新たな支援を開発していくことが求められます。ですので、むぎのこ式子ども・子育て支援もいつまで経っても完成することはなく、日々新たな課題に向き合って成長・発展していかなければなりません。むぎのこ式子ども・子育て支援の仕組みと仕掛けを解き明かす課題もきりがなく、終わりのない旅路になるのは避けられません。

この先、むぎのこ村がどのように発展していくのか、興味が尽きることはありません。必ずしも特別な支援ばかりではなく、村人たちのつながりの中で自然な支援も受けながら「共に生きる」実践は、子どもたちの育ちに多くの課題を抱える現代社会に重要な示唆を与えるものだと確信しています。むぎのこ式子ども・子育て支援が、さまざまな問題を抱える支援現場のみなさまのヒントになれば幸いです。


むぎのこ式子ども・子育て支援は、むぎのこの職員や関係者だけの力で成り立っているものではなく、地域の多くのみなさまやさまざまな支援機関や支援団体、児童相談所や保健センター、医療機関、学校、関連する行政機関などのご理解、ご協力、ご指導があってこそのものです。その意味で、むぎのこ式子ども・子育て支援は、むぎのこの独自・独占的な取り組みではなく、すべての人たちの共有財産といえます。この場を借りて、むぎのこの活動と発展を支えてくださったすべてのみなさまに感謝申しあげます。

また、本書の企画・出版に際しては、本書の趣旨や意義をご理解いただいたうえで、自らの体験や思いを率直にお話くださったお母さんたち、里親さんたち、そして里子の若者たちに感謝申しあげます。みなさんの貴重な語りがなければ、むぎのこ式子ども・子育て支援の紹介はとても表面的で形式的なものになってしまったに違いありません。必要があるかぎり必要な支援を受けながら、これからも成長していくことを願っています。

最後に、前書に引き続きお世話になった福村出版の宮下基幸社長に深甚なる感謝の意を表します。度重なる企画や予定の変更にお付き合いいただき、さらには毎月のように札幌まで足を運んでいただき、迷路を進むような執筆作業の中で、ともすれば方向を見失いそうになった著者を励ましながら出版まで導いていただきました。これからもむぎのこ村の良き理解者として、村の発展を見守ってご支援いただければと存じます。

二〇二一年十二月

著者を代表して　小野善郎

執筆担当

・はじめに：北川聡子
・序章：北川聡子

●第一部
・第一章：小野善郎
・第二章：むぎのこ（お母さんたち）
・第三章：小野善郎
・コラム：中本テリー

●第二部
・第四章：小野善郎
・第五章：むぎのこ（里親さん、里子さん）、古家好恵、北川聡子
・第六章：北川聡子、むぎのこ
・第七章：小野善郎

・終章：北川聡子
・おわりに：小野善郎

編者紹介

北川聡子（きたがわ　さとこ）

1983年北星学園大学文学部社会福祉学科卒業と同時に麦の子学園を立ちあげる。
2005年アライアント国際大学・カリフォルニア臨床心理大学院日本校臨床心理学研究科修士課程修了。現在まで子どもの発達支援と家族支援にかかわる。
社会福祉法人麦の子会理事長・総合施設長。公認心理師。

古家好恵（ふるや　よしえ）

1994年看護師として麦の子学園就職。2009年北海道教育大学大学院教育学研究科学校臨床心理専攻修士課程修了。社会福祉法人麦の子会常務理事・統括部長。2020年4月より医療型児童発達支援センター札幌市みかほ整肢園園長。

小野善郎（おの　よしろう）

和歌山県立医科大学卒業後、総合病院精神科、大学病院、児童相談所などで児童青年精神科医療に従事し、2010年より和歌山県精神保健福祉センター所長。医学博士、日本精神神経学会精神科専門医、日本児童青年精神医学会認定医、子どものこころ専門医。

子育ての村「むぎのこ」のお母さんと子どもたち
——支え合って暮らす　むぎのこ式子育て支援・社会的養育の実践

2021年 12月 15日　初版第1刷発行
2022年 4月 5日　第2刷発行

編著者　北川聡子・古家好恵・小野善郎＋むぎのこ
発行者　宮下基幸
発行所　福村出版株式会社
〒113-0034　東京都文京区湯島2-14-11
電話　03-5812-9702　FAX　03-5812-9705
https://www.fukumura.co.jp
印刷・製本　中央精版印刷株式会社

ISBN978-4-571-42078-8　Printed in Japan

定価はカバーに表示してあります。
落丁・乱丁本はお取り替えいたします。